小学校 プログラミング教育の 研修ガイドブック

編著・監修

小林祐紀
茨城大学

兼宗 進
大阪電気通信大学

中川一史
放送大学

SE
SHOEISHA

はじめに

小林　祐紀　茨城大学

本書を手にとっていただき、ありがとうございます。

この本は、タイトル通り小学校プログラミング教育の研修に関する書籍です。

ご存じの通り、2020年度より全面実施される小学校学習指導要領において、プログラミング教育が必修化されます。小学校プログラミング教育が、公教育としてあまねく実践されるためには、授業実施を支える教員研修の重要性がすでに指摘されています（たとえば、「小学校段階におけるプログラミング教育の在り方について（議論の取りまとめ）」など）。

一方、2018年3月に公表された文部科学省委託事業の調査報告書によると、小学校プログラミング教育の教員研修について、調査対象の自治体の70%（ステージ0およびステージ1の合計）がいまだ取り組み始めていないことが明らかになっています。調査結果から、小学校プログラミング教育に関する校内研修も自治体の研修と同様に多数の学校でいまだ実施されていないと想定されます。したがって今後、研修の必要感やニーズはますます高まっていくことでしょう。

実際に、文部科学省の取り組みとして、2018年度後半には全国30か所以上で自治体関係者を対象とした小学校プログラミング教育に関する研修が開催されています。

このような背景を踏まえ、全国各地のモデル校の先進的な取り組みや、情報教育の分野で定評のある教員が実際に行っている取り組みを収集し、小学校プログラミング教育に資する研修事例集の出版に至りました。

想定する読者は、研修を担う立場の教員（指導主事等含む）です。全国的な様子を見る限り、筆者と同様のミドルリーダー世代が多いようです。絶対的な人数の少なさから負担が年々大きくなっている世代です。事例執筆者の大半もこのミドルリーダー世代です。この世代へのエールの意味も随所に込めました。

本書は次のような構成になっています。

- 第1章：文部科学省の6つの分類をもとにして小学校プログラミング教育の考え方と留意点について解説しています。
- 第2章：教員研修を実施する際の勘所について7つの視点から提案しています。
- 第3章：小学校プログラミング教育の内容を確認することで中学校・高等学校への接続についての方向性を示しています。
- 第4章：先進的に取り組む小学校の校内研修、地域の教員研修、自治体の教員研修の事例を紹介します。
- 第5章：開発した小学校プログラミング教育の研修パッケージについて紹介・解説します。

これから予定している教員研修が実り多きものになることを切に願っております。成果や改善点等のご意見をぜひお寄せください。

これまでに翔泳社より、小学校プログラミング教育に関して、コンピュータを用いずにプログラミング的思考を育む教育実践事例集『コンピューターを使わない小学校プログラミング教育　“ルビィのぼうけん”で育む論理的思考』、新学習指導要領を意識した、多様な教育実践事例集『これで大丈夫！　小学校プログラミングの授業　3＋αの授業パターンを意識する［授業実践39］』の2冊の書籍を出版しています。あわせてお読みいただくことで、研修の際に大いにご活用いただけると思います。

年の瀬迫る金沢の自宅にて
編著者を代表して

目次

はじめに …… 2

第1章　小学校プログラミング教育の考え方と留意点　中川　一史　放送大学　4

第2章　教員研修の勘所　小林　祐紀　茨城大学　10

第3章　プログラミングの考え方と中学校、高等学校への接続に向けて　兼宗　進　大阪電気通信大学　18

第4章　研修事例　26

校内・地域研修編

●内容組み合わせ型研修

1 さあプログラミング教育をはじめよう！ …… 完田　八郎　鳥取大学附属小学校　28

2 教えてプログラミング教育 ～教員の不安を解消し、一歩を踏み出すために …… 広瀬　一弥　京都府亀岡市立東別院小学校　30

3 プログラミング教育ってなに？ …… 山本　純　埼玉県久喜市立太田小学校　32

4 知ろう、わかろう、やってみよう！ ICT支援員とプログラミング教育 …… 川澄　陽子　茨城県那珂市立横堀小学校　34

5 「参観」「体験」「改善」 授業研究を通したプログラミング教育研修 …… 広瀬　一弥　京都府亀岡市立東別院小学校　36

6 企業と連携した校内研究会 …… 桑島　有子　東京都荒川区立第二日暮里小学校　38

●体験型研修Ⅰ（プログラミング教材）

7 まずは体験！プログラミング実技研修会 …… 桑島　有子　東京都荒川区立第二日暮里小学校　40

8 プログラミングの概念を楽しく理解するための体験型ワークショップ …… 阪上　吉宏　エデュテクノロジー　42

9 地元企業の協力でプログラミング教育推進 …… 喜多　由紀　石川県かほく市立高松小学校　44

10 やればわかるおもしろさ、おもしろければ使いたくなる！ …… 間下　英信　茨城県取手市立高井小学校　46

11 ScratchJrで楽しくプログラミング入門体験 …… 清水　匠　茨城大学教育学部附属小学校　48

12 Scratchを体験しよう！ …… 山本　純　埼玉県久喜市立太田小学校　50

13 「地域の授業研究会×地域団体」でコラボレーション研修 …… 山口　眞希　石川県金沢市立大徳小学校　52

14 今日からできるプログラミング教育 …… 藤原　晴佳　茨城県つくば市立春日学園義務教育学校　54

Column　はじめよう！プログラミング教材体験ミニ研修 先生たちみんなでホップ・ステップ・ジャンプ！　村井　万寿夫　北陸学院大学　56

●体験型研修Ⅱ（コンピュータを用いない）

15 プログラミング的思考の授業への落とし込み 朝の生活の効率化 …… 平井　聡一郎　情報通信総合研究所　58

16 プログラミング的思考　はじめの一歩！ …… 平井　聡一郎　情報通信総合研究所　60

17 プログラミング的思考ってなに？ …… 清水　匠　茨城大学教育学部附属小学校　62

●授業づくりディスカッション型研修

18 年間指導計画作成は全校体制で！ …… 完田　八郎　鳥取大学附属小学校　64

19 プログラミング的思考を細分化して捉えよう …… 福田　晃　金沢大学附属小学校　66

20 全員参加の模擬授業で授業改善！ …… 仲見川　康隆　茨城県古河市立大和田小学校　68

Column　授業づくりのためのワークショップ型研修の進め方　佐藤　幸江　金沢星稜大学　70

●短時間型（ミニ）研修

21 Swift Playgroundsでどんな学びができるのだろう ～英語4技能の習得と、小学校プログラミング教育との接点を探る …… 広瀬　一弥　京都府亀岡市立東別院小学校　72

22 短時間で楽しく学ぶ！プログラミング・ミニmini研修会 …… 山口　眞希　石川県金沢市立大徳小学校　74

23 本日、『情報屋』開店します！ …… 川澄　陽子　茨城県那珂市立横堀小学校　76

●その他：校内推進体制の構築

24 大規模校でプログラミング教育を推進する体制づくり …… 山口　眞希　石川県金沢市立大徳小学校　78

25 プログラミングのリーダーになろう …… 藤原　晴佳　茨城県つくば市立春日学園義務教育学校　80

●その他：校内環境整備

26 環境整備で児童の意欲を喚起しよう！ …… 仲見川　康隆　茨城県古河市立大和田小学校　82

自治体研修編

27 石川県小松市のプログラミング教育の取り組み …… 小松市教育研究センター　84

28 茨城県古河市のプログラミング教育の取り組み …… 古河市教育委員会　90

29 茨城県のプログラミング教育の取り組み …… 茨城県教育庁学校教育部義務教育課　96

第5章　小学校プログラミング教育の研修パッケージ　小林　祐紀　茨城大学　102

プログラミング関連教材リスト …… 107

プロフィール：編著・監修、研修事例執筆、Column執筆 …… 108

小学校プログラミング教育の考え方と留意点

中川　一史　放送大学

なぜ今プログラミング教育なのか

2020年度から小学校プログラミング教育がスタートします。同年度から完全実施の**小学校学習指導要領**（以下、**学習指導要領**）**総則**によると、具体的には以下のように示されています。

> (3) 第２の２の(1)に示す情報活用能力の育成を図るため，各学校において，コンピュータや情報通信ネットワークなどの情報手段を活用するために必要な環境を整え，これらを適切に活用した学習活動の充実を図ること。また，各種の統計資料や新聞，視聴覚教材や教育機器などの教材・教具の適切な活用を図ること。
>
> あわせて，各教科等の特質に応じて，次の学習活動を計画的に実施すること。
>
> ア 児童がコンピュータで文字を入力するなどの学習の基盤として必要となる情報手段の基本的な操作を習得するための学習活動
>
> イ 児童がプログラミングを体験しながら，コンピュータに意図した処理を行わせるために必要な論理的思考力を身に付けるための学習活動

※ 文部科学省「小学校学習指導要領（平成29年告示）」第１章 総則／第３　教育課程の実施と学習評価

このように、「論理的思考力を身に付ける学習活動」であることが求められていることがわかります。これを受けて、**学習指導要領解説 総則編**では、小学校プログラミング教育実施の理由や進め方について、以下のように示しています。

> （略）子供たちが将来どのような職業に就くとしても時代を越えて普遍的に求められる「プログラミング的思考」（略）を育むため，小学校においては，児童がプログラミングを体験しながら，コンピュータに意図した処理を行わせるために必要な論理的思考力を身に付けるための学習活動を計画的に実施することとしている。その際，小学校段階において学習活動としてプログラミングに取り組むねらいは，プログラミング言語を覚えたり，プログラミングの技能を習得したりといったことではなく，論理的思考力を育むとともに，プログラムの働きやよさ，情報社会がコンピュータをはじめとする情報技術によって支えられていることなどに気付き，身近な問題の解決に主体的に取り組む態度やコンピュータ等を上手に活用してよりよい社会を築いていこうとする態度などを育むこと，さらに，教科等で学ぶ知識及び技能等をより確実に身に付けさせることにある。したがって，教科等における学習上の必要性や学習内容と関連付けながら計画的かつ無理なく確実に実施されるものであることに留意する必要があることを踏まえ，小学校においては，教育課程全体を見渡し，プログラミングを実施する単元を位置付けていく学年や教科等を決定する必要がある。（略）

※ 文部科学省「小学校学習指導要領（平成29年告示）解説 総則編（平成29年7月）」pp.85-86

小学校プログラミング教育の手引（第二版）（以下、手引）によると、小学校プログラミング教育のねらいとしては、

❶「プログラミング的思考」を育むこと
❷ プログラムの働きやよさ、情報社会がコンピュータをはじめとする情報技術によって支えられていることなどに気付くことや、身近な問題の解決に主体的に取り組む態度やコンピュータ等を上手に活用してよりよい社会を築いていこうとする態度などを育むこと
❸ 教科等での学びをより確実なものとすること

の3つをあげています。プログラミングという言葉から、「どこまで求める学習活動なのか」「教師側に経験がないのにどうやってプログラミングを教えるのか」といった不安の声も聞こえてきます。しかし、手引では、「プログラミングに取り組むことを通じて、児童がおのずとプログラミング言語を覚えたり、プログラミングの技能を習得したりするといったことは考えられるが、それ自体をねらいとしているのではない」と、念押ししています。

プログラミング的思考とは、学習指導要領によると、「自分が意図する一連の活動を実現するために、どのような動きの組合せが必要であり、一つ一つの動きに対応した記号を、どのように組み合わせたらいいのか、記号の組合せをどのように改善していけば、より意図した活動に近づくのか、といったことを論理的に考えていく力」であり、手引では、図1のように示されているのです。

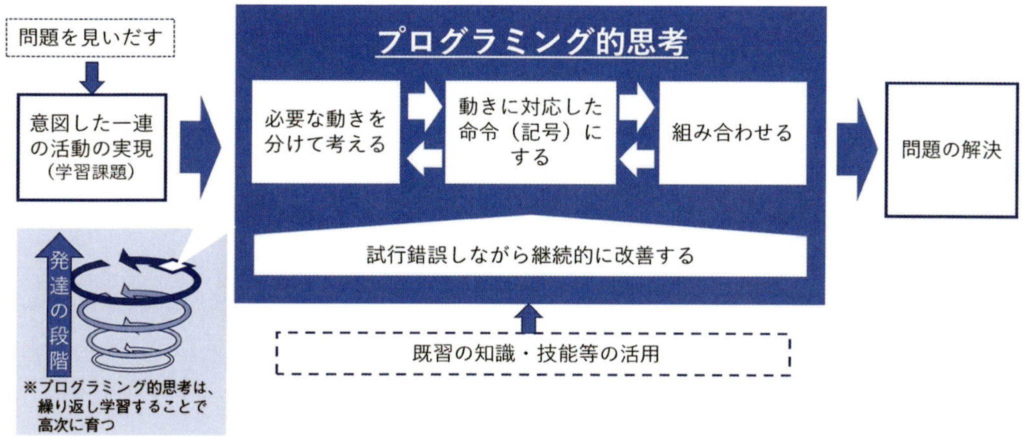

図1　プログラミング的思考
※ 文部科学省「小学校プログラミング教育の手引（第二版）」p.15・図4

「想定」から「実際」を見通す力をつける

ここで重要なのは、プログラム体験だけ（図2の「想定」→「動作」のプロセス）で満足しないことだと言えます。プログラミング的思考とは、図2のように「想定から実際を見通せること」を意味するのです。この想定する力を磨くためには、「動作」で得た結果を適用し、一般化・抽象化したり、組み合わせを変えたりしながら、「動作→実際」まで論理的に導くことが必要です。

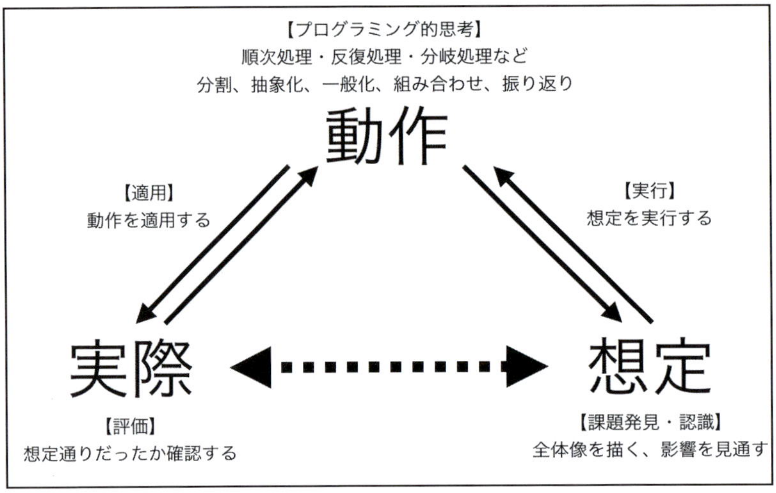

図2　「想定」から「実際」までのプロセス

手引では、小学校段階のプログラミング教育に関する学習活動の分類（例）として、図3のような6分類に整理しています。小学校プログラミング教育のねらいとして「教科等での学びをより確実なものとする」のであれば、A分類やB分類がどう実現できるかが勝負となるでしょう。

A	学習指導要領に例示されている単元等で実施するもの
B	学習指導要領に例示されてはいないが、学習指導要領に示される各教科等の内容を指導する中で実施するもの
C	教育課程内で各教科等とは別に実施するもの
D	クラブ活動など、特定の児童を対象として、教育課程内で実施するもの
E	学校を会場とするが、教育課程外のもの
F	学校外でのプログラミングの学習機会

図3　小学校段階のプログラミング教育に関する学習活動の分類

※文部科学省「小学校プログラミング教育の手引（第二版）」p.22・図5
※図中の四角囲みは筆者によるもの

Ａ分類は、**学習指導要領**にも**手引**にも例が載っています。そのため、教科書あるいは指導書でも少なからず扱われることになるでしょう。**学習指導要領**では、以下のように、３つの事例が「指導計画の作成と内容の取扱い」に示されています。

算数

> 第３　指導計画の作成と内容の取扱い　２　(2)
> 　数量や図形についての感覚を豊かにしたり，表やグラフを用いて表現する力を高めたりするなどのため，必要な場面においてコンピュータなどを適切に活用すること。また，第１章総則の第３の１の(3)のイに掲げるプログラミングを体験しながら論理的思考力を身に付けるための活動を行う場合には，児童の負担に配慮しつつ，例えば第２の各学年の内容の〔第５学年〕の「Ｂ図形」の(1)における正多角形の作図を行う学習に関連して，正確な繰り返し作業を行う必要があり，更に一部を変えることでいろいろな正多角形を同様に考えることができる場面などで取り扱うこと。

※文部科学省「小学校学習指導要領（平成29年告示）」第２章　各教科／第３節　算数

理科

> 第３　指導計画の作成と内容の取扱い　２　(2)
> 　観察，実験などの指導に当たっては，指導内容に応じてコンピュータや情報通信ネットワークなどを適切に活用できるようにすること。また，第１章総則の第３の１の(3)のイに掲げるプログラミングを体験しながら論理的思考力を身に付けるための学習活動を行う場合には，児童の負担に配慮しつつ，例えば，第２の各学年の内容の〔第６学年〕の「Ａ物質・エネルギー」の(4)における電気の性質や働きを利用した道具があることを捉える学習など，与えた条件に応じて動作していることを考察し，更に条件を変えることにより，動作が変化することについて考える場面で取り扱うものとする。

※文部科学省「小学校学習指導要領（平成29年告示）」第２章　各教科／第４節　理科

総合的な学習の時間

> 第３　指導計画の作成と内容の取扱い　２　(9)
> 　情報に関する学習を行う際には，探究的な学習に取り組むことを通して，情報を収集・整理・発信したり，情報が日常生活や社会に与える影響を考えたりするなどの学習活動が行われるようにすること。第１章総則の第３の１の(3)のイに掲げるプログラミングを体験しながら論理的思考力を身に付けるための学習活動を行う場合には，プログラミングを体験することが，探究的な学習の過程に適切に位置付くようにすること。

※文部科学省「小学校学習指導要領（平成29年告示）」第５章　総合的な学習の時間

一方、B分類は、まさに各学校で創出・蓄積していくものです。「プログラミング的思考」と「教科・領域のねらい」双方向からアプローチして「重なる部分」(図4-1の☆部分)を洗い出し、実践していくことが求められます。

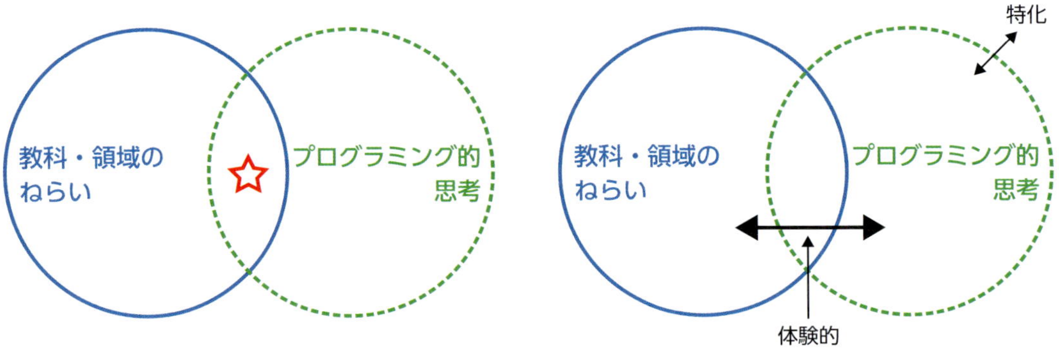

図4-1(左)・4-2(右) 教科・領域のねらいとプログラミング的思考

しかし、はじめからこの「教科・領域のねらいとプログラミング的思考のどまん中」を追究していくことは、かなりきついことです。ベン図の右(プログラミング的思考)に寄ったり、左(教科・領域のねらい)に寄ったりしてしまいます。また、そもそもコンピュータ活用やビジュアル型プログラミング言語のソフトに児童が慣れていないことも想定され、教科・領域のねらい達成に至らないで、個人差が見られる場合が少なくありません。そこで、プログラミング的思考に特化をする1時間を設けたり、体験する場を保証したりすることも想定する必要があります。つまり、1時間ではなく、単元を通して、教科・領域のねらいとプログラミング的思考の重なりを実現するということです(図4-2)。

プログラミング教育推進の段階を見通す

手引では、ここへの橋渡しとして、C分類の位置付けを以下のように示しています。

> (略)「プログラミング的思考」の育成、プログラムのよさ等への「気付き」やコンピュータ等を上手に活用しようとする態度の育成を図ることなどをねらいとした上で、
> ・プログラミングの楽しさや面白さ、達成感などを味わえる題材を設定する
> ・各教科等におけるプログラミングに関する学習活動の実施に先立って、プログラミング言語やプログラミングの技能の基礎について学習する
> ・各教科等の学習と関連させた具体的な課題を設定する

※ 文部科学省「小学校プログラミング教育の手引(第二版)」p.23

まずは、教師もプログラミング体験をし、楽しむインターバルも大切です。最初から図5のC以降に迫ると、「もう私はいいからできる人でプログラミング教育をやって」と、言われかねません。このインターバルをどのくらい経て、図5のC以降に進めるのかは、学校の実態によって

判断が必要となるでしょう。情報リーダーは、このギアチェンジを適切に見極めることがポイントです。

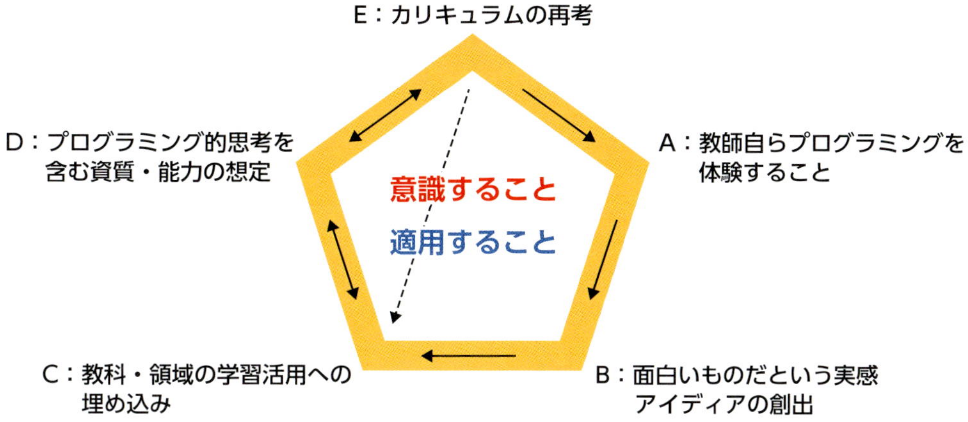

図5　プログラミング教育へのアプローチとその段階

図5のDのつながり・つみ上げを考え始めると、カリキュラム・マネジメントが重要になってきます。1つの教科だけでは、プログラミング教育でどのような力を育てたいのか、学校全体で共有していくのは現実的に難しいからです。**手引**では、カリキュラム・マネジメントについては、「プログラミング教育のねらいを実現するためには、各学校において、プログラミングによってどのような力を育てたいのかを明らかにし、必要な指導内容を教科等横断的に配列して、計画的、組織的に取り組むこと、さらに、その実施状況を評価し改善を図り、育てたい力や指導内容の配列などを見直していくこと（カリキュラム・マネジメントを通じて取り組むこと）が重要（略）」と示しています。**学習指導要領**の中では、あくまでも情報活用能力の中のプログラミング的思考であることが示されています。その上で、手引によると、「情報活用能力を育むためには、単にプログラミング教育を充実し『プログラミング的思考』を育めばよいということではなく、情報を収集・整理・比較・発信・伝達する等の力をはじめ、情報モラルや情報手段の基本的な操作技能なども含めたトータルな情報活用能力を育成する中に、『プログラミング的思考』の育成を適切に組み入れていく必要がある（略）」としているのです。

まずは、C分類や教科の時間を拡張することでプログラミングの楽しさや面白さ、達成感を味わい、そこから**学習指導要領**で例示されているA分類にアプローチし、本丸のB分類に挑む。できる学校は、クラブ活動などで同時進行的にD分類にも取り組む。そんな段階のイメージが望ましいと、筆者は考えています。

第2章

教員研修の勘所

小林　祐紀　茨城大学

はじめに

この章では、教員研修を実際に進める際の勘所について論考していきます。

教員研修は諸外国においても教員免許制度と連動した形で行われているようですが、日本のように校内研修や民間教育団体が主体となって実施する教員研修が、ここまで盛んなのは、大変めずらしいことだろうと思います。日本の教師たちの授業力向上への高い意欲を感じることができます。

筆者自身の小学校の教員生活を思い返してみても、校内研修を担う立場であったときには、他の学校で実践されている先進的と思われる事例を頼りに「講義一辺倒の研修よりも、研修に参加する教員が参画できるワークショップ型の研修がよいだろう」「参加しやすくするためには、どのような工夫が必要だろうか」などと仲間同士で考えたものでした。

必修化が目前に迫った小学校プログラミング教育においても、教育委員会が企画する比較的大きな規模かつ強制力の強い教員研修は、小学校プログラミング教育の意義を広く伝えたり、各校の教育実践を共有したりするなどの意味において非常に重要です。そして、それと同じぐらい重要な役割を担うのが校内や一地域を単位にした小さい規模かつ強制力の弱い教員研修です。

このような校内や一地域といった小さい規模の研修が盛んであることは、参加する教員のニーズに対応できたり、同僚性を高めることにつながったりして、教員の授業力向上に寄与できるという大きなメリットがあります（図1）。

比較的
大規模・強制力が強い

・広く一斉に伝えることができる
・多くの実践事例を共有できる
・伝えたい相手を集めることができる

比較的
小規模・強制力が弱い

・研修参加者のニーズに対応できる
・関心ある教員を集めやすい
・同僚性を高めることにつながる

図1　それぞれの研修が持つメリット

あらためて、本章では研修に関するいくつかの知見を手がかりに、校内における教員研修を主たる対象として、教員研修を進める際の勘所について論考していきます。本章がこれから企画する予定の教員研修やこれまで行ってきた教員研修の見直しに役立てば幸いです。

教員研修の目的は研修への満足度なのか？

教員研修を企画する教員（以下、研修企画者）は、参加する教員（以下、研修参加者）の研修に対する満足度がとても気になります。なぜなら、研修企画者であっても教員です。これまでに数多の教員研修を受けてきています。研修を受ける中で、非常に退屈な思いをした経験も少なからずあるはずです。したがって、自分自身が研修企画者の立場になったときには、研修参加者が「参加してよかった」「実践してみたい」と感じられる研修を当然のことながら目指そうとします。

そのこと自体はとても重要なことです。しかし、明確に認識しておくべきことは、研修参加者から高い満足度を得ることが研修の最終目的（ゴール）ではないということです。たしかに、企画した研修には、それぞれの目的があります。本書で扱う多くの事例にも必ず目的があります。たとえば、「小学校プログラミング教育ではどのような教育実践があるのか事例を理解する」ことを目的にした研修や、「プログラミング教材の活用スキルの向上」を目的にした研修などです。これらの目的を達成するために、研修企画者はさまざまな工夫を講じます。

一般的には、研修参加者が自身の体験や思いを話す機会を多く設定したり、研修の最後に研修成果を発表したり、今後の取り組み予定を宣言したりする機会を設定すると満足度が高くなる傾向にあると言われています※1。

一つ一つの研修の目的を意識することはとても重要ですが、最も重要なことは、満足度を高めること以上に、研修で得た学びを研修参加者が実践することです。すべての研修は、日常的な教育実践につながってこそ意味があります。さらに先を言えば、教育実践によって、子どもたちにプログラミング的思考が育まれることが最終目的とも言えます（図2）。このことは専門的には「研修転移」と呼ばれています※2。

図2　教育研修の最終目的

最終ゴールを意識してみると、自戒の念を込めて言えば、これまでの教員研修（特に校内研修に限らず）は、やりっぱなし研修が多いことに気づきます。

本書ではあくまでも、一つ一つの研修を事例として扱っていますが、どの研修事例も実践することまでを意識して読んでみてください。どのような研修をどのようにつなげれば、＋α（プラスアルファ）としてどんな取り組みを実施すれば実践まで導くことができるでしょうか。

※1　永谷研一『人材育成担当者のための絶対に行動定着させる技術　やりっぱなし研修撲滅宣言』ProFuture（2015）

※2　中原淳・島村公俊・鈴木英智佳・関根雅泰『研修開発入門「研修転移」の理論と実践』ダイヤモンド社（2018）

研修評価の４つの視点

近年、校内研修においても研修の感想や研修を通して学んだことを短い文章で記述することが増えてきました。民間教育団体や自治体が研修企画者の場合、研修直後にアンケートのような形で評価が実施される場合が多いようです。しかし、前節で述べたように研修の最終目的を教育実践への転移とするならば、研修の感想を書く、研修直後のアンケートに答える、では物足りない気がします。

研修評価に関しては、カークパトリックが示した「研修評価の４段階モデル」が著名です※3。簡単に紹介すると以下のような内容です。

第１段階（ステップ1）として示されているのは「反応」です。研修終了直後に実施される研修参加者の感想を問うような評価のことを意味します。

第２段階（ステップ2）として示されているのが「学習」です。研修内容についての理解を問うような評価のことを意味します。カークパトリックは感想よりも研修内容の理解を上位に位置付けています。

第３段階（ステップ3）として示されているのが「行動」です。研修参加者が研修後に、実践につながったかを評価します。おそらくこれまでの教員研修では、この視点が最も欠けていたと感じています。研修満足度ばかりに目が行きがちですが、いかに実践につながったのかという少し長い目で見る評価が必要になるのです。小学校プログラミング教育はこれまでにない新しい取り組みです。研修の成果を実践につなげるためには適切なタイミングでのフィードバックが必要です。このことについては後述します。

第４段階（ステップ4）として示されているのが「成果」です。実践につながった結果、学習者にどのような影響があったのかを問うような評価を意味します。個人的には、ステップ4は各学校としての評価活動も重要ですが、小学校を管轄する市町村教育委員会や大学等の研究機関と連携することが必要だと考えています。

これら４段階を評価の４つの視点として捉え直すことで、ずいぶんと教員研修の評価は変わってくるのではないでしょうか。今実施しようとしている教員研修は、なにを評価しようとしているのか、その先にはなにを評価する必要があるのかを意識して、研修企画者は、評価の機会を設定しなければなりません。

それでは、教員研修の具体的なポイントとはどのようなものなのでしょうか。ここから先は少し具体的な勘所について考えていきましょう。

研修の企画はニーズの把握から
——独りよがりの研修にならないための第一歩

研修企画者は、自身が学んできた内容をしっかりと伝えたくなります。自身が小学校プログラミング教育に関するさまざまな研修に参加し、文部科学省から出されている種々の書類に目を通せば通すほど、あれもこれも伝えたくなります。

※3　たとえば、James D. Kirkpatrick and Wendy Kayser Kirkpatrick『Kirkpatrick's Four Levels of Training Evaluation』ATD Press (2016) など。

しかし、それでは独りよがりの研修になってしまうことは自明です。まずは、研修参加者のニーズを知る必要があります。といっても校内研修の場合、研修企画者も研修参加者も同じ職場で働いているわけですから、ニーズはなんとなく把握できていると思いがちです。しかし、なんとなく把握しているつもりのニーズはしばしば外れがちだということも事実です。

研修参加者である教員は、教員の経験年数も得意分野も異なります。経験年数で言えば、現在は二極化が極端に進行しています。プログラミングという言葉は耳慣れない言葉であったとしても、日常的にICTに慣れ親しんでいる世代と、そもそもICTを利用することが苦手だったり、必要性を感じていなかったりする世代に大きく分けられますが、小学校プログラミング教育の研修に関するニーズは、やはり一人一人が異なるはずです。

したがって、事前にニーズ調査を実施した上で研修を企画したほうが得策です。ニーズ調査といっても仰々しいアンケート調査を行う必要はありません。立ち話を利用したインフォーマルな聞き取り調査で十分です。または付箋紙などの小さなメモに書いてもらうことでもよいでしょう（図3）。

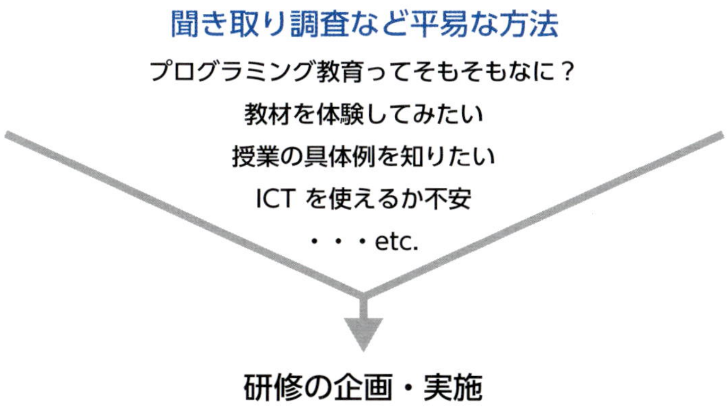

図3　ニーズ調査の結果を研修に活かす

また本来は、くまなくすべての教員にニーズ調査を行うべきですが、各学年から1名ずつでも十分ではないかと私は考えています。超多忙化が進行中ですので、研修企画者にとっても研修参加者にとっても過度な負担は禁物です。

把握できたニーズをもとに、研修を企画します。小学校プログラミング教育の研修だけではありませんが、一度やればそれで十分ということは絶対にありえません。しかし90分程度の校内研修を年に複数回実施することも現実的ではありません。どのような内容を、どのような順で、どのようなタイミングで実施するのか計画を練る必要があります。

最後に、研修というものは、性質上どうしても一方通行になりがちです。しかもこの一方通行の背後には、研修企画者と研修参加者の上下の関係性も見え隠れします。したがってニーズを把握しようとする研修企画者の行動は、研修参加者の意識面にも少なからずプラスの影響を与えることでしょう。

お茶とお菓子を用意して研修を始めてみよう

15年ほど前になりますが大学の指導教員（中川一史先生）らとともに、オーストラリアの小学校を訪問したことがありました。その際の印象深い出来事の1つは、職員室のような場所がとても自由な雰囲気だったことでした。コーヒーを片手に立ち話する教師、ソファーで談笑する教師の姿がありました。

また、2年前に訪問したホノルルにあるK-12（日本の幼稚園年長～高校を卒業するまでの12年間を一貫して学ぶ）の私立学校で放課後に開催されていた自由参加の校内研修も似たような雰囲気でした。

おそらく校内研修とは、本来このような雰囲気で行うべきものなのでしょう。お茶やお菓子を持ち寄り、リラックスした雰囲気で研修を進めることで、新たな発想が生まれやすくなったり、会話が弾んだりします。お茶やお菓子はあくまでも例ですが、こんな簡単なことが雰囲気づくりに貢献するのであれば、積極的に取り入れるべきでしょう。研修成果もきっと上がるはずです。このような雰囲気づくりの重要性について三崎隆氏※4は、地域における教員研修（三崎氏の書籍では地域の教員が集まり学び合う場のことを『学び合い』コミュニティと呼んでいます）を例に言及しています。

また、教師の同僚性を育むという側面からも、あまり堅苦しくない教員研修は重要だと考えています。対話を促し、相互作用を生みやすくする雰囲気づくりを研修企画者は心がけるべきです。このような教師同士のゆるやかなつながりの重要性については、石川晋氏※5が指摘しているところです。

もちろん、雰囲気づくりだけで終わらずに、対話や相互作用が生まれる研修場面を設定する必要があることは言うまでもありません。

校内研修の選択・組み合わせを熟慮しよう

p.12「研修の企画はニーズの把握から」でも触れましたが、ニーズを調査してみると、一人一人の教師は実にさまざまなニーズを持っていることがわかります。多様なニーズに対応するためには、一度きりの研修では不十分です。しかし、教員の働き方改革が強く求められる中、いくら小学校プログラミング教育がこれまでにない新しい取り組みであるとはいえ、プログラミングに関する教員研修ばかりを実施することは不可能です。そこで、本書においても、目的に応じて、学校の実情に応じて短い時間の研修から、比較的長時間の研修まで掲載しています。

また、一度きりの研修では、記憶した学習内容はどんどん低下していくことが知られていますし、私たちは経験上、適切なタイミングで学習を繰り返せば、学習内容が定着することを知っています。

したがって、小学校プログラミング教育に関する研修も、大小さまざまな研修を選択し、組み合わせて実施することが重要です（図4）。たとえば、校内の教員全員の参加を求める比較的長時間の研修もあれば、自由意思による参加を認める短時間の研修があってもよいでしょう。

※4　三崎隆 編著『教師のための『学び合い』コミュニティのつくり方：教師同士・学校同士のつながりを高める実践』北大路書房（2015）
※5　石川晋・大野睦仁『これならうまくいく！　笑顔と対話があふれる校内研修』学事出版（2013）

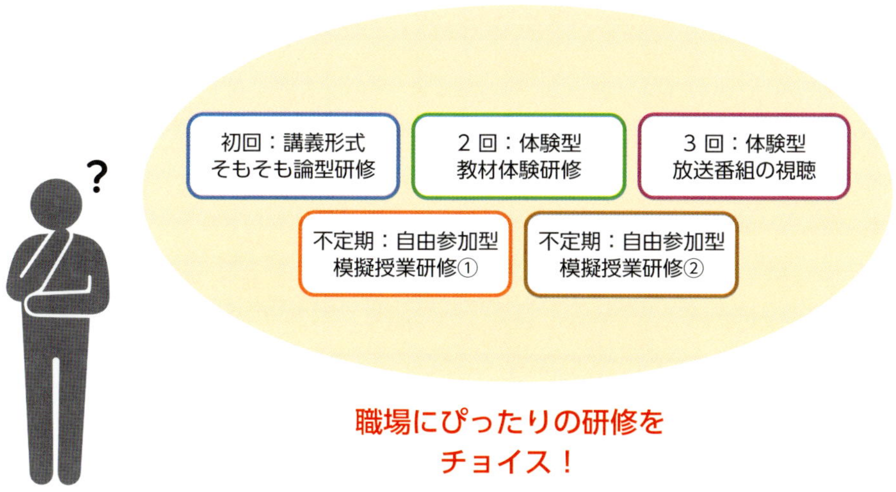

図4　校内研修の選択・組み合わせ

短時間の研修例としては、プログラミング教材を実際に操作してみて体験する研修やプログラミングの授業を控えた教員が模擬授業（限られた場面）を行って、研修参加者から意見をもらう研修、NHK for Schoolの番組を視聴しながら授業における活用を話し合う研修などが考えられます。短時間の研修では、いつも以上に目的をシンプルにして明確にすることや終了時間を厳守するなどの配慮が必要です。

ある学校（ICT環境が整備されている）では、職員会議の冒頭で、毎回2名の教員が自身のICT活用の取り組みについて、紹介することをルーティン化したそうです。この例にならえば、定期的にプログラミング教育に関する取り組みを紹介するといった超短時間研修もきっと可能だと思います。

管理職を巻き込むことが実践へつながる近道

小学校プログラミング教育に関する校内研修が、適切に実施され最終目的である教育実践につながるためには、管理職の協力は欠かせません。大事なことは管理職の「協力」です。「好きにすればいいよ」といったフレーズは、協力のように見えて、真実は「無関心」です。研修企画者は積極的に、管理職に働きかけることが求められます。

近年、都道府県教育委員会および市町村教育委員会主催の管理職を対象にした教員研修において、ICT活用について学ぶ機会を設定する自治体が増加していることが報告されています[※6]。また、日本教育工学協会（JAET）[※7]は、文部科学省の委託事業として「管理職がリーダーシップを持って学校全体でICTを活用し、よりよい学校運営を実現するための研修教材（管理職のための戦略的ICT研修カリキュラム）」を開発し、実際に全国各地で研修を実施しています。

このような背景として、情報活用能力の重要性に対する認知度が向上したことだけでなく、ICT活用に関する管理職の正しい理解と協力は、学校全体のICT活用の実践につながるという期

※6　園谷高志「学校におけるICT活用推進上の課題(2)：管理職 研修に関して」鹿児島大学教育学部教育実践研究紀要Vol.24、pp.425-430（2015）

※7　日本教育工学協会「文部科学省委託事業　管理職のための戦略的ICT研修カリキュラムの開発」（2007）http://jslict.org

待が大きいからだと考えられます。
それでは、管理職を小学校プログラミング教育の研修に巻き込むとはどういうことでしょうか。ただ単に、管理職が校内研修に参加し、その場にいることだけを意味するのではありません。プログラミング教育の実践につながるように、積極的に参画してもらう必要があります。
たとえば、小学校プログラミング教育の研修実施内容について、管理職に対して事前に伝えたり、相談したりすることが考えられます。また、研修で使用するプログラミング教材を実際に操作してもらったり、プログラミング教育の授業について議論したりするなど研修の一端を事前に体験してもらうことが考えられます。もちろん、学校長などの管理職以外にも、こういった場に研究主任、学年主任の参加を促すこともよいでしょう。小学校プログラミング教育に代表されるICT活用は、ベテラン世代はどうしても敬遠しがちです。だからこそ事前に知ってもらうことのメリットはかなり大きいと考えます。
他にも、学校長のプログラミング教育に対する考えを伺うことも重要です。各学校のグランドデザインの中にどのようにプログラミング教育が関連づけられるのかについて、研修企画者と管理職が検討することは、教員研修を実践につなげるためにとても大きな意味があります。管理職にも「自分ごと」になってもらうように仕向けることが重要です※8。

あなたの校内研修にフィードバックはありますか？

フィードバックは研修転移を促す大きな要因であり、重要性が今あらためて認識されつつあります※9。先述しましたが、教員研修においては、特にフィードバックが不足していると筆者は強く感じています。研修転移のために重要なフィードバックが欠如していれば、研修内容が実践に活かされる可能性は低くなるでしょう。活かされないからこそ、研修は役立つものではなく、ただ受講するだけのものになってしまいます。ただ受講するだけの研修とは、p.11「教員研修の目的は研修への満足度なのか？」で触れたやりっぱなし研修と同意です。
さて、教員にとってなじみのあるフィードバックとはなんでしょうか。
もしかするとそれは、人事考課（教員評価）制度かもしれませんね。年度当初に教職員一人一人が目標を立て、年度途中と年度末というタイミングで管理職と面談というフィードバックの機会が設定されているはずです。
教員研修後も上で示したようなフィードバックを「きっちりやりましょう」と提案するつもりは毛頭ありません。現実的ではない上に、効果もあまり期待できないと経験上感じているからです。
提案したい教員研修におけるフィードバックは、2つです。どちらも非常に現実的です。1つめは、話題にしてみること、ただそれだけです。職員室での日常的な会話の中で、実施した研修の話題に触れてみることです。「この前の研修内容はどうでしたか？」「プログラミングの授業でどんなことが難しいと感じていますか？」「今度プログラミングの授業をしてみようと思いますが見に来ませんか？」といった具合に、研修企画者が日常的な会話にしてみることです。決まっ

※8　博報堂大学編『「自分ごと」だと人は育つ　博報堂で実践している新人社員OJT　1年間でトレーナーが考えること』日本経済新聞出版社（2014）
※9　中原淳『フィードバック入門　耳の痛いことを伝えて部下と職場を立て直す技術（PHPビジネス新書）』PHP研究所（2017）

た時間を設定して実施する面談というフォーマルなフィードバックではないことがポイントです。

2つめは、システムの中にフィードバックを組み込むということです。本来であれば、研修参加者一人一人に丁寧なフィードバックが必要でしょうが、研修企画者にとっては、現実的ではありません。そこで、職員会議や学年会議の中で数分程度、時間を設定し、研修内容のその後について、内省を促してみてはどうでしょうか。あるいは、他の教員が率先して取り組んだ授業を紹介することもフィードバックの一部と見なすことができます。職員会議や学年会議は定期的に実施されますので、その際に実施するだけで相当な回数のフィードバックが可能になります。

なぜ、このような形を提案するかと言うと、小学校プログラミング教育に関する校内研修の場合、研修企画者はおそらく情報教育担当者あるいは研究主任が担うことが多いと考えられます。全国的な様子を見ていると、情報教育担当者の年齢はおそらく20代後半や30代中盤あたりが多いでしょうか。研究主任においても30代前半からその重責を担っている教員がいます。また、これらの教員は自ら担任をしていることもめずらしくありません。だからこそ、企業のような職場上司からのフィードバックではなく、上に示したような同僚としてのフィードバックを実施していくことが重要です。

おわりに

本章では、教員研修を進める際の勘所について、研修の目的の再確認、研修評価の視点、研修ニーズの把握、研修の際の雰囲気づくり、校内研修の選択・組み合わせ、管理職の巻き込み方、そしてフィードバックの方法という7点について論考してきました。

しかし根底にあるべき重要なことは、研修企画者の研修に対する思いです。換言するならば、小学校プログラミング教育に対する思いです。目の前の子どもたちに合ったプログラミング教育の実現まで、粘り強く関わり続けるという強い意志です。

教師を取り巻く環境は多忙化を極めています。小学校に限って言えば、道徳の教科化、外国語活動の必修化および教科化など取り組むべき課題は山積しています。その中でも研修企画者が粘り強く取り組みを続けることを私たちは期待していますし、これからも応援し続けていきます。

最後に、本章をお読みになり教員研修の企画や開発に関心が芽生えた方には、インストラクショナルデザインをベースに研修のデザインについて解説された書籍※10、また、教育委員会などにおける情報教育の卓越者育成については、理論と具体的研修事例が解説された書籍※11をおすすめします。

小学校プログラミング教育の必修化をきっかけに教員研修の新たな地平をともに切り拓いていきましょう。

※10 鈴木克明『研修設計マニュアル　人材育成のためのインストラクショナルデザイン』北大路書房（2015）
※11 中川一史・藤村裕一・木原俊行 編著『情報教育マイスター入門』ぎょうせい（2008）

第3章

プログラミングの考え方と中学校、高等学校への接続に向けて

兼宗　進　大阪電気通信大学

小中高のプログラミング学習の流れ

2020年度の小学校に続き、2021年度からは中学校「技術・家庭」の技術領域で、2022年度からは高等学校「情報」で、プログラミングに関連した新教育課程が開始されます。小学校で学んだプログラミングの考え方を中学校以降で発展させることになるため、小学校でのプログラミング学習は重要です。

表1に小学校から高等学校までのプログラミング教育の流れを示します。プログラミングについては、小学校の学習を発展する形で、中学校において「計測・制御のプログラミング」と「双方向性コンテンツのプログラミング」が行われ、高等学校では必履修科目の情報Iで「アルゴリズム」と「モデル化とシミュレーション」が、選択科目の情報IIで「データサイエンス」「情報システムとプログラミング」が扱われる予定です。

	開始年度	教科	内容
小学校	2020	総合的な学習の時間 算数、理科など	プログラミング体験 教科でのプログラミング利用など
中学校	2021	技術・家庭（技術領域）	計測・制御のプログラミング 双方向性コンテンツのプログラミング
高等学校	2022	情報I、情報II	アルゴリズム、モデル化とシミュレーションなど データサイエンス、情報システムなど

表1　高等学校までのプログラミング教育の流れ

小学校でプログラミングを学んだ子どもたちは、中学校に進学したあとも高校まで継続してプログラミングの学習を続けていきます。高校の卒業後は、大学入試センターの共通テストをはじめとする大学入試においてもプログラミングを含む情報入試が予定されています。

以下では、プログラミングを学んでいく子どもたちが、小学校段階で学習しておきたい内容を説明します。

手順の考え方

コンピュータはプログラムに書かれた命令のとおりに動作します。手順はプログラムを実行する順番や処理の流れのことです。ここではわかりやすくするために、フローチャート（流れ図）という図を使いながら説明します。

（1）順次処理

プログラムは基本的に処理を1個ずつ順に実行します。このような実行は順次処理と呼ばれます。図1に順次処理のフローチャートの例を示します。フローチャートは角丸長方形で表される「はじまり」から始まり、「おわり」で終わります。処理は長方形で表されます。この例は「ご飯を食べる」「歯をみがく」という2つの処理の順番を表しています。歯をみがく処理は、ご飯を食べる処理が終わったあとに実行されます。ご飯を食べる処理が終わる前に実行されることはありません。

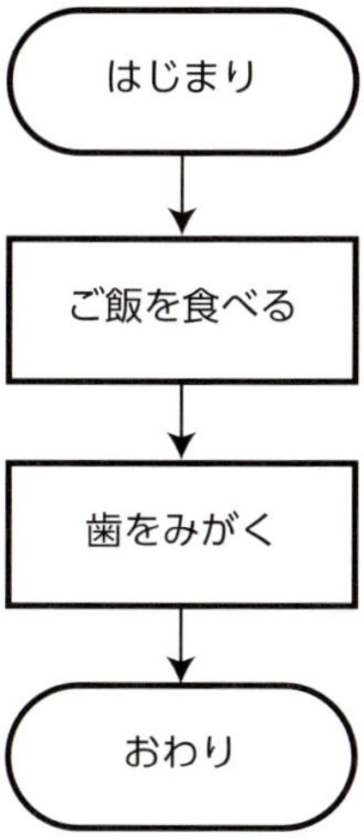

図1　順次処理のフローチャート

（2）分岐処理

特定の条件のときだけ処理を実行したい場合には分岐処理を使います（分岐処理は条件分岐処理と呼ばれることもあります）。分岐処理は、フローチャートではひし形で表されます。図2に分岐処理のフローチャートの例を示します。図2左の例では「雨が降っている？」という条件を見て、条件が正しい場合（はいの場合）には「かさを持つ」を実行し、条件が正しくない場合（いいえの場合）にはなにもしません。

この例では条件が正しい場合（はいの場合）だけ処理を実行しますが、図2右のように「いいえ」の下にも処理を書いた場合は、条件が正しくない場合（いいえの場合）にその処理が実行されます。図3にScratch（スクラッチ）などのブロックの例を示します。

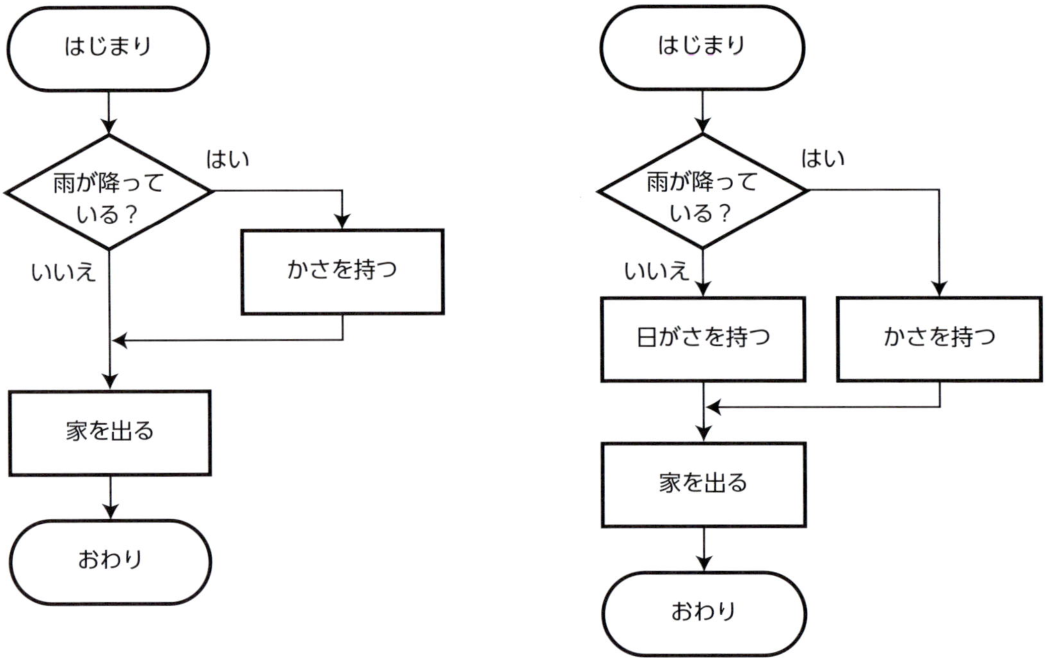

図2　分岐処理のフローチャート

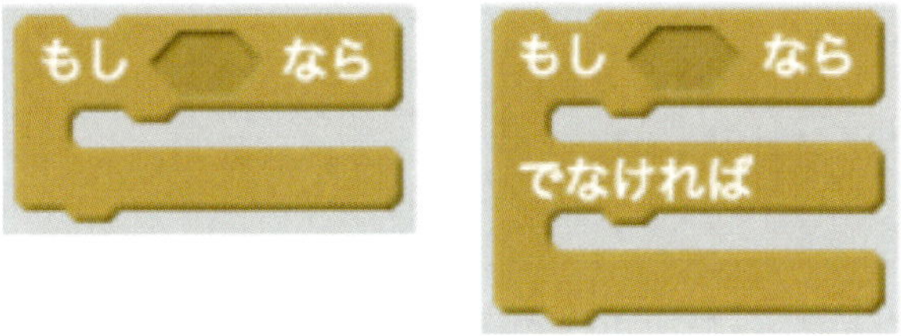

図3　分岐処理のブロックの例

(3) 反復処理

コンピュータの利点の1つに、処理を何度でも繰り返して実行できることがあります。繰り返す処理は反復処理と呼ばれます。反復処理には、「ずっと繰り返す」「ある回数だけ繰り返す」「条件が成り立つ間だけ繰り返す」などの種類があります。図4に「いただきますを言ってから、茶わんにご飯がある間食べることを繰り返して、なくなったらごちそうさまと言う」ことを指示するフローチャートと、「左右の足で10歩ずつ歩く」ことを指示するフローチャートを示します。図5にブロックの例を示します。

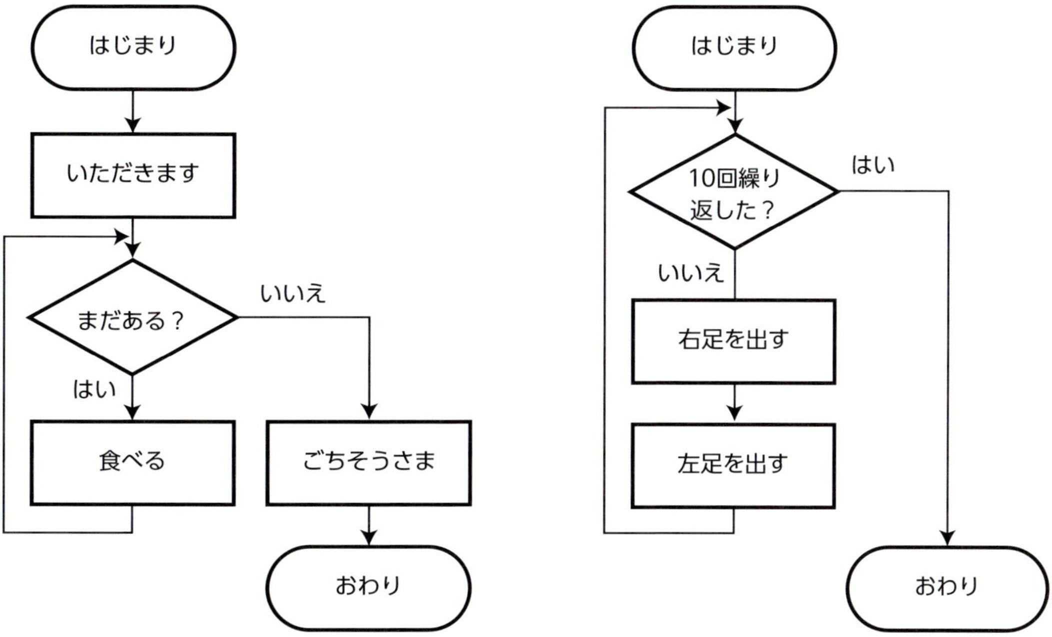

図4　反復処理のフローチャート

図5　反復処理のブロックの例

（4）対話的な処理

私たちが日常使う機械やアプリは、機械が勝手にひとりで動くわけではなく、人間が操作しながら使うものが多いです。プログラミングを体験して手順的な考え方が身についた子どもたちは、身近な機械について考えることもできるようになります。図6は飲料などの自動販売機の動きを独自に図にしたものです。この図ではフローチャートの順次処理を基本にして、お客さんと自動販売機のやり取りを点線で記入しました。

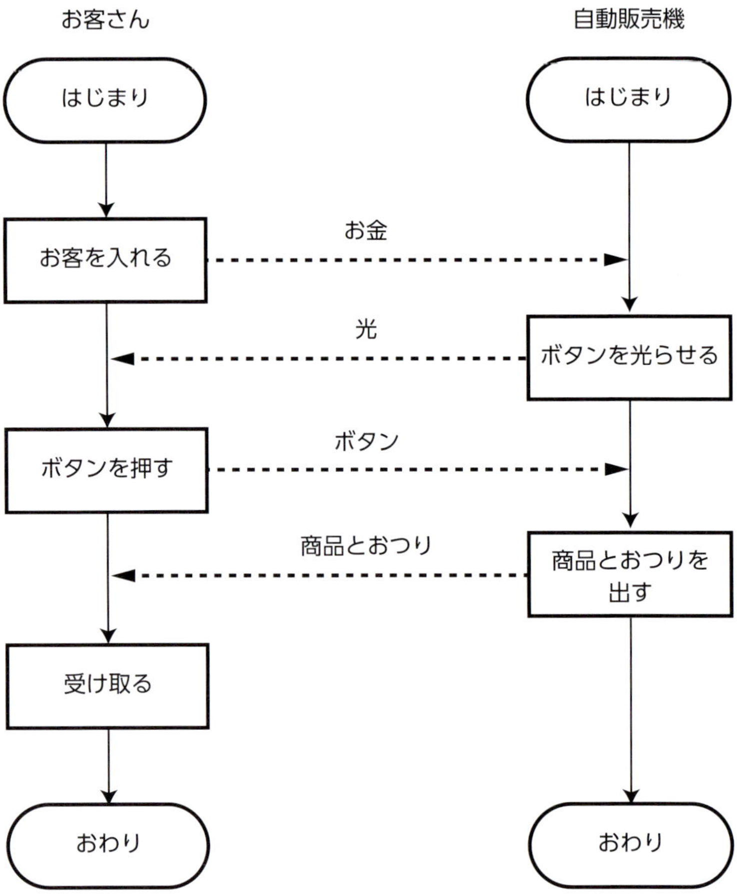

図6　人と機械の処理のやり取りの例

　図6の縦の線を見ると、

「お客さんは、最初にお金を入れて、商品をボタンで選んで、出てきた商品とおつりを受け取る」
「自動販売機は、入れられたお金に応じて買える商品のボタンを光らせて、押されたボタンの商品とおつりを出す」

のように、人（お客さん）と機械（自動販売機）の処理をわかりやすく説明することができます。
　実は、お客さんと自動販売機の縦の処理は、独立して勝手に動いているわけではありません。横の線に注意しながら見てみると、上から下に処理を実行していくときに、互いに相手からなにかを受け取りながら処理を進めていることがわかります。まず、自動販売機はお金が入るのを待ってからボタンを光らせます。次にお客さんはボタンが光ってから商品を選びます。自動販売機はボタンが押されるのを待ってから商品とおつりを出します。お客さんは商品とおつりが出るのを待ってからそれを受け取ります。
　この例では、お客さん（人）と自動販売機（機械）は、「もの（お金と商品）」と「情報（なにを買えるか、なにを買いたいか）」をやり取りしました。身の回りの生活でも、「人と人」「人と機械」の関係をこのような図で表現してみると、意識していなかったやり取りを整理して理解することができるようになります。

(5) 変数

コンピュータの頭脳であるCPU(中央処理装置)には情報を長い間記憶しておく機能はありません。処理をするたびに、結果をメモリという部品に保存してきれいに忘れてしまいます。プログラムでも、計算などをするたびに、「変数」と呼ばれる入れ物に、名前を付けて覚えておく必要があります。変数は数学のxやyと似ていますが、「値を入れてから使う」「最後に入れた値が残る(値を入れるとすでに入っていた値は消える)」「数のほかに文字なども入れておける」といった性質があります。

図7に「歩いて右を向く、を2回繰り返す」プログラムを示します。左のプログラムは動かす命令の距離を毎回100に設定しており、右のプログラムは「歩く距離」という名前の変数に100を入れてから、動かす命令で変数を使っています。プログラムを作るときはどちらで書いても大きな違いはありませんが、あとで距離を変えたくなったときは、左は命令の数だけ100の値を修正する必要がありますが、右は変数に入れる値を1回修正するだけで済む利点があります。

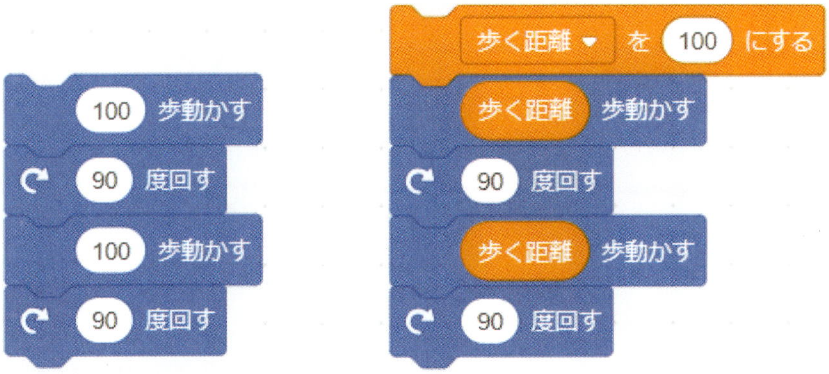

図7 ブロックでの変数の利用例

(6) 状態

機械は複数の状態を持つものが多いです。部屋の電灯のような単純な機械でも、「ついている状態」と「消えている状態」の2つの状態を持ちます。身の回りのものごとを考えるときに、フローチャートのように「処理(〜する、という動作)」で考えることに加えて、状態遷移図で「状態(〜している)」で考えることも仕組みの理解に役立つことがあります。

図8に自転車の状態の例を示します。上の図は基本的な2つの状態で、車輪が回転しているかどうかで「止まっている状態」と「走っている状態」を判断できます。2つの状態は、ペダルをこぐことと、ブレーキをかけることで切り替えることができます。下の図はカギをかけて駐輪しているときの状態を加えた3つの状態を表しています。カギをかけて駐輪しているときはペダルをこぐことはできませんし、走っているときはカギをかけることはできません。状態によってできることが異なることがあるということです。

子どもたちも、「朝礼のときはおしゃべりをしてはいけないが、休み時間はおしゃべりをしてもよい」のように、状態を意識しながら生活しています。「片付けの手順、掃除の手順」のような手順に加え、状態を意識することはプログラミングを含む機械の仕組みを理解するために有用です。

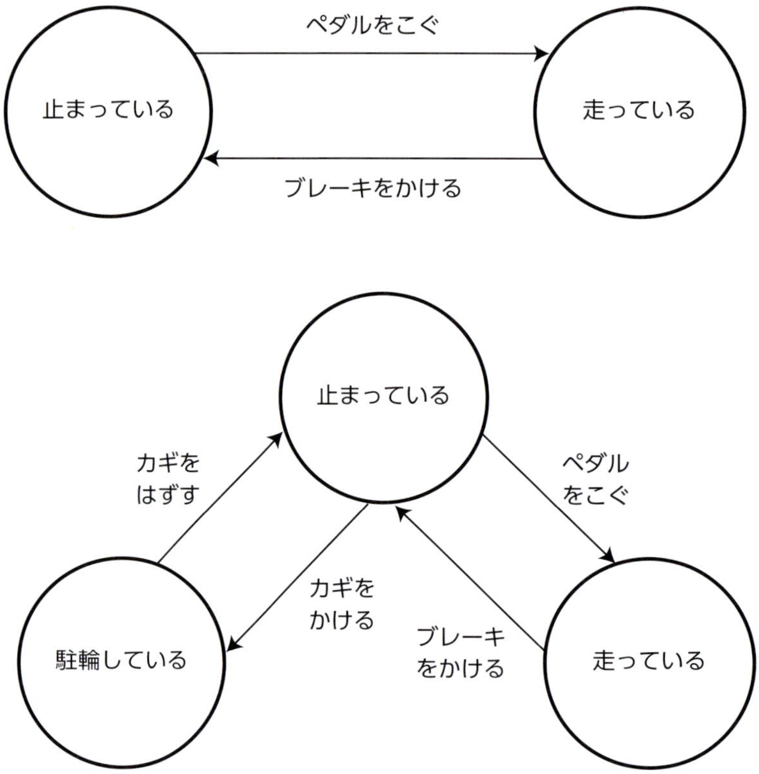

図8　状態を表す図の例

(7) コンピュータの科学

子どもたちはスマートフォンや時計、ゲーム機などの、「コンピュータに見えない機器」を含めてコンピュータに囲まれてコンピュータとともに生きていくことになります。「パソコン」「タブレット」「スマートフォン」などを外から観察しても、コンピュータの仕組みを理解することは簡単ではありません。しかし、コンピュータはアプリやソフトウェアと呼ばれるプログラムで動く機械であるため、プログラミングという形でプログラムを自分で作ってみれば、どのような性質を持った機械かは体験的に理解することができます。このことはIT機器やネットワークなどを使う際にさまざまな危険から身を守ることにもつながるため、小学校段階からプログラミングが必修化された理由の1つと考えられます。

コンピュータの仕組みはプログラミングを理解することである程度理解することができますが、それ以外のことはコンピュータについての科学的な仕組みを通して理解することが必要です。カードなどの教具を使い、小学校段階からコンピュータの科学の基礎を学ぶことができる「コンピュータサイエンスアンプラグド（CSアンプラグド）」の書籍とサイトで紹介されている内容から、ここではバーコードの読み取りチェックを紹介します※。

※ Web コンピュータサイエンスアンプラグド（アンプラグド）https://csunplugged.jp/
書籍 Tim Bell/Ian H.Witten/Mike Fellows、兼宗進 監訳『コンピュータを使わない情報教育アンプラグドコンピュータサイエンス』イーテキスト研究所（2007）

コンビニエンスストアやスーパーマーケットで買い物をするときに、レジで商品のバーコードを読み取ります。バーコードには商品の種類を表す番号が書かれており、レジの機械はバーコードを読むことで13桁の数字を読み込んでいます。バーコードは黒と白の縦線で表されますが、カスレや汚れ、光の反射などで誤読されてしまうことがあります。違った番号が読み込まれると違った商品として金額が計算されてしまうため、そのような誤読を防ぐために、12桁の商品番号に加えて、右端に1桁のエラー検出用の数字が付加されています。

バーコードが正しく読み取れたかどうかは、読み取った13桁の数字から計算できます。計算は次の手順で行います。

- 読み取った数字（バーコードの下に書かれている数字）から、「奇数番目の数の合計」と「偶数番目の数の合計」を計算する。
- 「奇数番目の数の合計」に、「偶数番目の数の合計」の数を3倍して加える。
- 計算結果が10の倍数（1の位が0）であれば、バーコードは正しく読み取れている。

図9に、書籍のバーコードの例と、計算するためのワークシートと計算例を示します。商店のレジにはコンピュータが内蔵され、バーコードを読むたびにこの計算を瞬時に行うことでバーコードを正しく読めたことを確認しています。教科書やノートに印刷されたバーコードから計算を行うことで、商店で正しく買い物をできることの裏側で働くコンピュータの仕組みを理解することができ、足し算と掛け算が日常生活で役立つことを実感することもできる題材として利用できます。

9 784491 034607

	+		+		+		+		+		+		=	
		+		+		+		+		+			=	
											+		x3=	

9	7	8	4	4	9	1	0	3	4	6	0	7		
9	+	8	+	4	+	1	+	3	+	6	+	7	=	38
	7	+	4	+	9	+	0	+	4	+	0		=	24
										38	+	24	x3=	110

図9　バーコードの読み取り値の確認ワークシートと使用例

第4章　研修事例

校内・地域研修編

内容組み合わせ型研修

1 さあプログラミング教育をはじめよう！　28
宍田　八郎　鳥取大学附属小学校 教諭

2 教えてプログラミング教育～教員の不安を解消し、一歩を踏み出すために　30
広瀬　一弥　京都府亀岡市立東別院小学校 教諭

3 プログラミング教育ってなに？　32
山本　純　埼玉県久喜市立太田小学校 教諭

4 知ろう、わかろう、やってみよう！ ICT支援員とプログラミング教育　34
川澄　陽子　茨城県那珂市立横堀小学校 教諭

5 「参観」「体験」「改善」 授業研究を通したプログラミング教育研修　36
広瀬　一弥　京都府亀岡市立東別院小学校 教諭

6 企業と連携した校内研究会　38
桑島　有子　東京都荒川区立第二日暮里小学校 教諭

体験型研修Ⅰ（プログラミング教材）

7 まずは体験！プログラミング実技研修会　40
桑島　有子　東京都荒川区立第二日暮里小学校 教諭

8 プログラミングの概念を楽しく理解するための体験型ワークショップ　42
阪上　吉宏　エデュテクノロジー 代表取締役

9 地元企業の協力でプログラミング教育推進　44
喜多　由紀　石川県かほく市立高松小学校 校長

10 やればわかるおもしろさ、おもしろければ使いたくなる！　46
間下　英信　茨城県取手市立高井小学校 教諭

11 ScratchJrで楽しくプログラミング入門体験　48
清水　匠　茨城大学教育学部附属小学校 教諭

12 Scratchを体験しよう！　50
山本　純　埼玉県久喜市立太田小学校 教諭

13 「地域の授業研究会×地域団体」でコラボレーション研修　52
山口　眞希　石川県金沢市立大徳小学校 教諭

14 今日からできるプログラミング教育　54
藤原　晴佳　茨城県つくば市立春日学園義務教育学校 教諭

Column はじめよう！プログラミング教材体験ミニ研修
先生たちみんなでホップ・ステップ・ジャンプ！　56
村井　万寿夫　北陸学院大学 教授

体験型研修Ⅱ（コンピュータを用いない）

15 プログラミング的思考の授業への落とし込み　朝の生活の効率化　58
平井　聡一郎　情報通信総合研究所 特別研究員

16 プログラミング的思考　はじめの一歩！ 60
平井　聡一郎　情報通信総合研究所 特別研究員

17 プログラミング的思考ってなに？ 62
清水　匠　茨城大学教育学部附属小学校 教諭

授業づくりディスカッション型研修

18 年間指導計画作成は全校体制で！ 64
完田　八郎　鳥取大学附属小学校 教諭

19 プログラミング的思考を細分化して捉えよう 66
福田　晃　金沢大学附属小学校 教諭

20 全員参加の模擬授業で授業改善！ 68
仲見川　康隆　茨城県古河市立大和田小学校 教諭

Column 授業づくりのためのワークショップ型研修の進め方 70
佐藤　幸江　金沢星稜大学 教授

短時間型（ミニ）研修

21 Swift Playgroundsでどんな学びができるのだろう
～英語４技能の習得と、小学校プログラミング教育との接点を探る 72
広瀬　一弥　京都府亀岡市立東別院小学校 教諭

22 短時間で楽しく学ぶ！プログラミング・ミニmini研修会 74
山口　眞希　石川県金沢市立大徳小学校 教諭

23 本日、『情報屋』開店します！ 76
川澄　陽子　茨城県那珂市立横堀小学校 教諭

その他：校内推進体制の構築

24 大規模校でプログラミング教育を推進する体制づくり 78
山口　眞希　石川県金沢市立大徳小学校 教諭

25 プログラミングのリーダーになろう 80
藤原　晴佳　茨城県つくば市立春日学園義務教育学校 教諭

その他：校内環境整備

26 環境整備で児童の意欲を喚起しよう！ 82
仲見川　康隆　茨城県古河市立大和田小学校 教諭

自治体研修編

27 石川県小松市のプログラミング教育の取り組み 84
小松市教育研究センター

28 茨城県古河市のプログラミング教育の取り組み 90
古河市教育委員会

29 茨城県のプログラミング教育の取り組み 96
茨城県教育庁学校教育部義務教育課

プログラミング関連教材リスト 107

さあプログラミング教育をはじめよう！

完田　八郎
鳥取大学附属小学校
教諭（情報教育担当）

時間	45分
実施主体	情報教育担当
対象	校内教員

準備物

- リンダ・リウカス『ルビィのぼうけん　こんにちは！プログラミング』翔泳社（2016）※
- 解説用プレゼンテーション
- 学年別題材配当表（プログラミング教育の内容を例示したもの）

研修の概要

プログラミング教育について十分に具体的な授業イメージを持つことができていない教員を対象に年度当初に研修を行った。そもそもプログラミング教育とはいったいなんなのかという基本的な話からはじめ、研修の終わりにはなんとなく取り組めそうだというイメージと意欲を持つことができるようになることを目的とした。はじめにプログラミング教育のねらいの説明や、プログラミング的思考の育成とはいったいどんな力をつけていくことなのかについて解説したあと、授業の映像で具体的なイメージを持つことができるように各学年の題材配当表（プログラミング教育との関連が示されたもの）を使ってわからない部分の質疑を行った。最後に本年度のプログラミング教育実施のためのスケジュールを示した。

研修の流れ

時間	研修内容	留意点
導入 （10分）	**1 プレゼンテーションの解説によってプログラミング教育の全体像を共有する。** (1) プログラミング教育の概要 (2) プログラミング教育のねらい (3) 教科の授業の中に、どのように位置付けるのかの確認	● 新学習指導要領にどのようにプログラミング教育が示されているかの確認をし、実施する意義を明確にする。 ● 教科においてはプログラミング（コーディング）を学ぶのではなく、プログラミングで学ぶというスタンスを確認する。
活動1 （15分）	**2 具体的な授業場面を見ながら、授業イメージを持つ。** プログラミング教育の授業映像を視聴して、いくつかの違ったバリエーションの授業を知り、プログラミング教育のポイントを確認する。	● まったく新しい内容の授業を行うということではなく、今まで行っていた教科の授業の中で「プログラミング的思考の育成」という視点を教員側が持つことにより、そのエッセンスを加えた授業づくりをしていくという考え方であることを伝える。
活動2 （15分）	**3 担当学年の題材配当表を見て、見通しを持つ。** (1) 各学年の題材配当表にあるプログラミング教育と関連する単元を確認する。 (2) 疑問に思う部分を質問する。	● 各学年2クラスの担任同士で学年の単元の中でどの部分がプログラミング教育と関連しているかを確認しあい、全教科で1年間を俯瞰した視点でプログラミング教育を意識し、目的を共有する。
終末 （5分）	**4 本年度のタイムスケジュールを理解する。**	● 本年度は年間指導計画を作成し、実践を行い、振り返りを次年度につなげていくという活動の過程を確認することで、校内のプログラミング教育の進め方を共有し、教員個々の見通しを明確にしていく。

※　https://www.shoeisha.co.jp/book/rubynobouken/

研修のポイント

導入 意識のハードルを下げる

研修を行う前、教員のプログラミング教育に対する授業イメージは、児童がプログラミング体験（コーディング）を中心に学習を進めるということだけだった。そこで今回の研修では、プログラミング教材の操作に関する内容はあまり扱わずに行った。主に『ルビィのぼうけん』を中心としたアクティビティを軸に話を進めていった。それにより、「順次」「反復」「条件分岐」などのプログラミング的思考の概要の理解がスムーズにでき、結果的に教員のプログラミング教育に対する意識のハードルを下げることができた。

写真1 プレゼンテーションで概要を説明

活動1 実践例を多く提示する

プログラミング教育についての理論研修だけでは、教員の授業イメージをつくることはできないと考え、校内研修の前にプログラミング教育の授業公開を行った。『ルビィのぼうけん』のアクティビティを活用した内容を参観し、コンピュータを用いずに「プログラミング的思考」を育成する指導の授業イメージを持つことができるようにした。これまでにビジュアル型プログラミング言語の授業を参観した経験しかない教員がほとんどだったので、違ったバリエーションの授業イメージを持つことができたようだ。また、研修では過去に実践した「体育科」「外国語活動」「理科」の授業の映像を視聴することで、多くの教科・領域の授業を知り、具体的な授業のイメージづくりに役立つようにした。

写真2 コンピュータを用いずに「プログラミング的思考」を育成する授業

活動2 進め方の見通しを持つ

筆者が作成した全学年の題材配当表（プログラミング教育との関連を例示したもの）を使って、各学年2クラスの担任同士で当該学年の内容の確認と、プログラミング教育の進め方についての話し合いを行った。また、情報教育担当との質疑も併せて行った。担当する学年の教科の中の単元が明確にイメージできたため、内容がより具体的になり話し合いや質疑が深まった。

写真3 題材配当表で単元の確認をする教員

全体を振り返って

本校の教員は、プログラミング教育に対する意識や知識は決して少なくなかったが、実際に授業を行うことに対しては不安を抱えていたようである。研修を行うことで、授業のイメージや見通しを持つことができたという感想を聞くことができた。また、教員の中にもプログラミング教育に対する意識や知識の差があるので、目標を共有し、お互いに補完しながら実践を進めていくという意思統一の場にもなった。特に本研修は、プログラミング教育に対する教員の意識的なハードルを下げたいという意図を持って行った。プログラミング的思考の育成方法やプログラミング教材の操作スキルも大切だが、導入の段階では実際の授業イメージを具体的に持つための解説や提示を行い、そこから教員自身が教科の実践の中に活用していくことで、各教員が「これならできそうだ」という見通しを持つことができた。小学校におけるプログラミング教育はプログラミング教材を使った活動が注目されがちだが、本校では活動ありきではなく、プログラミング的思考の育成を中心とした本質部分に焦点を当てて進めていきたいと考えている。

教えてプログラミング教育〜教員の不安を解消し、一歩を踏み出すために

広瀬 一弥
京都府亀岡市立東別院小学校
教諭（研究主任・情報教育主任）

時間	60分
実施主体	研究主任（情報教育主任）
対象	校内教員

準備物
- 画用紙
- マーカーペン
- タブレット端末（iPad）
- プログラミング教材：ピョンキー（Pyonkee）

○ 研修の概要

「先生、プログラミング教育ってなに？ どんなことをしたらいいの？」。研修前、実際に校内の教員から出てきた声である。この研修は、2020年の新学習指導要領全面実施で始まる、小学校におけるプログラミング教育をどのように進めていけば良いか、イメージを共有するために、夏季休業中に設定した。60分という限られた時間の中ではあるが、プログラミング教育が求められるようになってきた背景や、全体像を具体的な例とともに学ぶ。また、体験を通して、児童がどのような学びを得ることができるのかを考える研修とした。

研修の流れ

時間	研修内容	留意点
導入（10分）	**1 プログラミング教育について不安に思っていることやわからないことを出し合う。** **2 政府広報「Society5.0」の動画※1を視聴して、これから子どもたちが生きていく世界について考える。** ● ネットワークに常に接続している。 ● AI（Artificial Intelligence）が生活を支えてくれている。	● 隣の教員と話し合うなど、気軽に意見が出せる雰囲気で行う。 ● テクノロジーの進化に着目するのではなく、生活がどのように変わっていくかに気づくことができるようにする。
講義研修（15分）	**3 プログラミング教育について概略を知る。** (1) 導入の背景 (2) プログラミング的思考 (3) プログラミング体験の3つの形態 ● コンピュータを用いずに「プログラミング的思考」を育成する指導 ● ビジュアル型プログラミング環境の利用 ● フィジカルコンピューティングの実施	● 学校がある自治体のデータなども使い、目の前に迫っている人口減少や少子高齢化の社会について気づかせる。 ●「小学校プログラミング教育の手引」や、新学習指導要領などを引用して根拠を示しながら、伝えていく。
活動1（15分）	**4 掃除の手順についてフローチャートで表現する。** **5 掛け算の筆算の手順についてフローチャートで表現する。**	● グループでディスカッションしながら画用紙にフローチャートを作る。 ● グループごとに見せ合い、共通点と相違点を見つける。
活動2（15分）	**6 ピョンキーを使って正多角形を描く。**	● 正三角形を描画するプログラムをあらかじめ入れておき、それを修正して正方形や正六角形などを描画する。
終末（5分）	**7 研修の振り返りをする。**	● 全体やグループで内容を共有する。

※1 https://www.gov-online.go.jp/cam/s5/

研修のポイント

講義研修 地元のデータから課題意識を高める

前半の講義の時間には、プログラミング教育がなぜ必要か、どのような背景によって求められているかを、新学習指導要領や「小学校プログラミング教育の手引」等を引用しながら、説明していく。その際、教員が育てている目の前の児童が今後過ごす社会をよりイメージしやすいように、地元のデータ（亀岡市の年齢3区分別人口の推移）を示し、これまでどう変化をしてきて、これからどう変化していくかを話し合った。急激な社会の構造変革が自分たちの勤務している地でも実際に起きることをイメージしてもらうことができた。

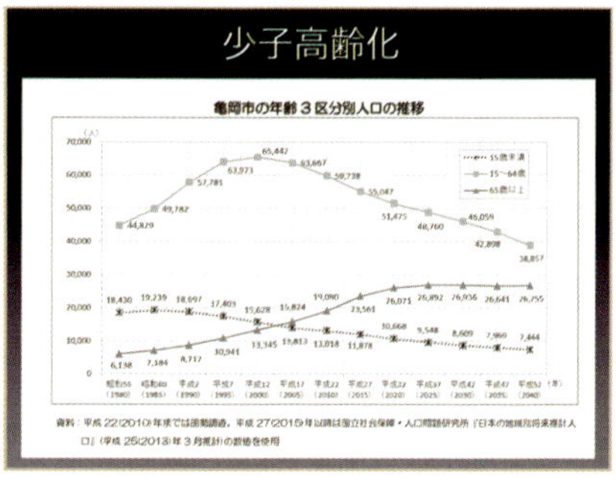

写真1 地元のデータ（亀岡市の年齢3区分別人口の推移※2）を示す

活動1-① 自由な発想でプログラミング的思考を理解する

プログラミング的思考を理解するために、教室の掃除の手順を改善する活動を取り入れた。講義の中で、味噌汁の調理を例に、フローチャートに表す活動を例示したが、フローチャートではなくカードで説明するグループがあった。そのカードには分解した掃除の各手順が書かれていて、それを動かし、改善案を考えていた。プログラミング的思考の定義にもある「記号の組み合わせをどのように改善していけば、より意図した活動に近づくのか」を具現化していて、フローチャートにとらわれることがないようにすることを、参加者の自由な発想から共通確認できた。

写真2 掃除の手順を分解しカードに書いて整理している様子

活動1-② 実際に児童が学習する場面を意識して話し合い活動を行う

3人1組で、フローチャートを改善する活動を行った。実際に書かれている通り動いてみて、漏れ落ちなく指示が書かれているか、あやまって伝わる言葉がないか話し合うことができた。中には、順次処理だけではなく、条件分岐や反復についても指摘しているグループもあった。話し合いを進めていく中で、「順次処理は低学年から理解できるが、条件分岐は低学年には難しいね」など、具体的な指導場面を話し合うことができた。今後、発達段階や経験を考慮してプログラミング教育のカリキュラムを考える必要性に気づくことができた。

写真3 できあがったフローチャートの改善案を考えている様子

全体を振り返って

校内の教員の不安感から設定した研修であったが、積極的に活動に取り組む様子や、2学期からの授業の展望を話す様子からは、不安感を少し拭うことができたのではないかと考えている。感想の中に、「今までは、プログラムのコードを打てるようになることが目的だと思っていたが、人口減少社会を生き抜く子どもたちに必要な力のうちの1つであることに気づいた。児童に体験させることから進めていきたい」とあった。このように、プログラミング教育の一歩を踏み出すことができた本校の教員だが、今後は、教科の学習とどのように関連させていくのか、また、ビジュアル型プログラミング環境やフィジカルコンピューティングをどのような体制の中で活用していくのかなど、実践と研修を行き来し作り上げるカリキュラム構築を模索していきたいと考えている。

※2 亀岡市人口ビジョン・総合戦略（平成28年2月策定 平成30年3月改訂）より引用

プログラミング教育ってなに？

山本　純
埼玉県久喜市立太田小学校
教諭（教務主任・研究主任）

時間	60分
実施主体	市教育委員会・指導主事
対象	校内教員、中学校研究主任

準備物
- ノートパソコン（Windows）
- プログラミング教材：アーテックロボ アドバンス、Studuinoソフトウェア Windows版（Studuinoプログラミング環境）

研修の概要

本年度から、埼玉県よりプログラミング教育の研究委嘱を受け小中学校と連携しながら進めることになった。しかし、その目的やプログラミングの知識、具体的な指導法について、イメージが持てなかった。そこで、必修化の背景や、プログラミング教育を通して身につけるべき資質や能力、そのための具体的な指導例を共有することを目的に、研修会を設定した。ビジュアル型プログラミング環境（Studuinoソフトウェア）を活用し、意図した通りに実際のロボットを動かす体験を通して、プログラミング教育のイメージを参加者が共有することができた。また、この研修のポイントは、小学校の校内研修に中学校の研究主任が参加していることである。

研修の流れ

時間	研修内容	留意点
導入 (15分)	**1 プログラミング教育必修化の背景と身につけるべき資質や能力について共有する。** ●プログラミング教育必修化の経緯とその目的 ●学力との関わりや問題解決的な学びの重要性	●文部科学省「小学校段階におけるプログラミング教育の在り方について（議論の取りまとめ）」や「小学校プログラミング教育の手引」「新学習指導要領解説（総則編）」をもとに概要をおさえる。
活動 (40分)	**2「プログラミング的思考」とはなにか、体験を通して学ぶ。** (1) Studuinoソフトウェアを活用し、ロボットを動かすための基本的なプログラムを理解する。 ●思い通りに動かすために、どのようにプログラムを修正すればよいか (2) 簡単なコースを設定し、ゴールまでたどり着くプログラムを考える。 ●ゴールまで行くには、どのような動きが必要か ●動きを細分化し、どのように組み合わせればよいか	●グルーピングを行い、各学年の教員を中心に2～3人のグループを組んで行う。 ●前進、後進、右左折などのプログラムの組み方を知り、時間でそれぞれの動きを制御し、実際に動かしてみる。 ●ロボットによって動作の微妙なクセがあるので、それも含めてプログラムを修正していく。 ●チームで協働して行い、ゴールまでたどり着いたプログラムを全体で共有する。
終末 (5分)	**3 研修のまとめを行う。** ●プログラミング教育を通して育む「プログラミング的思考」について ●プログラミング教育を通して、先の見えない時代を切り拓く「創造力」や「協働する力」を育むこと	●小学校におけるプログラミング教育とは、コーディングを覚えさせることが目的ではないことを確認する。 ●「プログラミング的思考」を育むためには、コンピュータ上でプログラミングを行うだけでなく、コンピュータを用いずに「プログラミング的思考」を育成する指導も取り入れながら、各教科への位置付けと実践へつなげられるように取り組んでいく。

研修のポイント

導入 基本的事項について共有化を図る

校内の教員のほとんどが、「プログラミング教育必修化と言われても……」「なにを指導すればよいかわからない」という状態だった。そこで、ロボット教材を活用した実際のプログラミング授業例をもとにして、プログラミング教育必修化の背景やプログラミング教育を通して育むべき資質や能力、そして学力との関わりについてスライドを使って講義してもらった。研修に先立って行われた授業における実際の児童の様子から、コーディングを身につけさせるのではなく、知識や技能を活用して創造する力や問題を解決するために他者と協働する力などを育むことの意義を紹介してもらった。

写真1　市教委：川島指導主事から、プログラミング教育の目的について講義

活動2-① ロボットを動かすための基本的なプログラムを知る

ビジュアル型プログラミング環境のStuduinoソフトウェアを活用し、アーテック社のロボット教材に出力し、実際に動かすための基本的なプログラムの仕方を体験した。実際のプログラミングにあたっては、アイコンを用いたものとブロックを用いたものの2つが用意されており、アイコンを用いたもののほうが取り組みやすいと感じたようであった。ソフトの起動から基本的な設定の仕方、1つ1つのブロックの意味などを丁寧に解説してもらい、学年を基本チームとして協力しながら行ったことで、どの教員もスムーズにプログラムを組んでいくことができた。

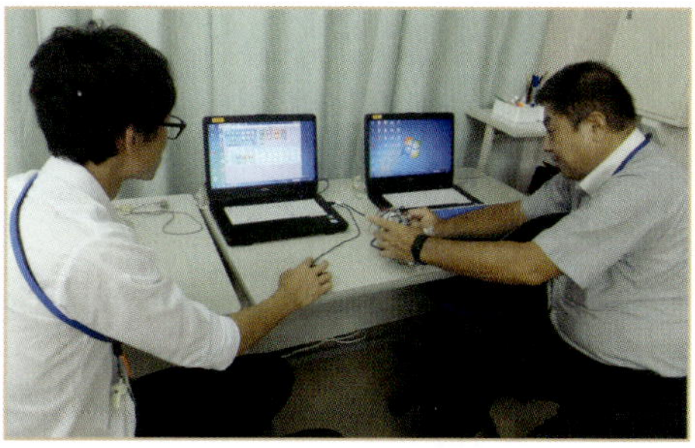

写真2　動きを細分化し、どのようなブロックが必要か対話しながら楽しく活動する教員

活動2-② 試行錯誤しながらプログラムを考える

提案授業後の研修会だったので、児童が活動した実際のコースをそのまま使い、2〜3人のグループで体験する機会を設けた。「コンピュータに意図した処理を行うよう指示することができるということ」を、教員自身が協働して楽しみながら体験できたので、「プログラミング的思考」とはどのようなものかを理解するよい機会となった。この他にも、さまざまなビジュアル型プログラミング環境を活用したり、コンピュータを用いずにプログラミングの考え方を授業の中に組み込んでいったりする視点を考える機会とすることができた。

写真3　どの動きのプログラムを改善すればよいか話し合っている様子。いつもよりさらに真剣

全体を振り返って

「プログラミング教育は楽しい」教員自身がそう実感できた1時間となった。ゴールまでたどり着けなかったチームが、研修会終了後も「あと1回だけ！」とチャレンジしている様子が見られた。研修を通して、プログラミング教育の概要や、育むべき「プログラミング的思考」とはなにか、そして、ロボット教材を活用した具体的な指導例とその体験を行うことができた。一方で、「どのようなねらいを持って、小学校から中学校へ系統的に位置付けていくか指導計画なども考えていかなくてはいけない」といった感想も聞かれた。研修をきっかけとして、授業の中で、プログラミング教育が組み込める場面や、位置付けられる単元はどこかという授業づくりの視点を持ち、中学校教諭ともさらに連携し合いながら研究を進めていきたい。

知ろう、わかろう、やってみよう！ICT支援員とプログラミング教育

川澄　陽子
茨城県那珂市立横堀小学校
教諭（情報教育担当）

時間	90分
実施主体	情報教育担当、ICT支援員
対象	校内教員

準備物
- 文部科学省「小学校プログラミング教育の手引」※1
- 小林祐紀、兼宗進、白井詩沙香、臼井英成 編著・監修『これで大丈夫！小学校プログラミングの授業　3＋αの授業パターンを意識する［授業実践39］』翔泳社（2018）※2
- 本校の年間指導計画

研修の概要

本市には企業から派遣されるICT支援員がいる。支援員は、月2回提携校を訪問し、授業で活用する教材の準備や、児童生徒の学習活動を支える教員（T2）として授業支援を行う。この専門的知識を多く持つICT支援員と情報教育担当が役割を分担し、プログラミング教育についての理解と授業での活用例を伝えることを目的に、研修を設定した。その際、情報教育担当からは、プログラミング教育が導入される背景や概要を講義形式で話をし、ICT支援員からは、さまざまな学校を担当している経験を生かし、実際の授業での活用例を挙げて説明した。体験を交えて活動を行うことで、教員の理解を促した。

研修の流れ

時間	研修内容	留意点
導入 （20分）	**1 プログラミング教育について理解する。** ● プログラミング教育必修化の経緯と目的 ● プログラミング的思考	●「小学校プログラミング教育の手引」をもとに、実施の目的や枠組みを解説し、概略を捉えることができるようにする。[情報教育担当]
活動1 （30分）	**2 プログラミング的思考を活用した授業を体験する。** (1) ICT支援員を活用した授業実践例を知る。 ● 教授用教材を使ってみよう (2) 順次を活用した授業を体験する。 ● 考えが可視化されていて、わかりやすい	● 各学校での取り組みを例に、ICT支援員の活用を再確認できるようにする。[ICT支援員] ● プログラミング的思考の1つである順次を、4年生『わり算のひっ算』の手順を指導例に、体験を交えながら捉えられるようにする。[ICT支援員]
活動2 （30分）	**3 プログラミング教育の授業例を知り、話し合う。** (1) 年間指導計画をもとに、授業例を提示する。 ● 第6学年理科では、条件分岐が使える (2) 実践事例本を紹介する。 ● 第5学年の多角形での取り組みは、ICT支援員と一緒に取り組みたい	● 準備した書籍を参考に、年間指導計画と照らし合わせながら、実際の授業で使用する教材等を示して、授業のイメージを持つことができるようにする。[情報教育担当]
終末 （10分）	**4 研修のまとめを行う。** (1) 振り返りを書く。 ● 慣れるまでは苦戦しそうだが、挑戦したいと思う (2) 次回の研修（p.76本日、『情報屋』開店します！）を確認	● 振り返りを書いたり、質問に答えたりしながら、本研修での学びを全体で共有することができるようにする。

※1　http://www.mext.go.jp/a_menu/shotou/zyouhou/detail/1403162.htm
※2　https://www.shoeisha.co.jp/book/detail/9784798156408

研修のポイント

導入 プログラミング教育についての解説（情報教育担当）

まずは、プログラミング教育実施の目的や、枠組み、捉え方等をわかりやすく伝え、全教員の共通理解を図ることから始めた。解説するにあたり、「小学校プログラミング教育の手引（第一版）」と『これで大丈夫！ 小学校プログラミングの授業 3＋αの授業パターンを意識する［授業実践39］』を活用した。教員からは、「コンピュータを用いずにプログラミング的思考を育成する指導がどんなものかわかった」や「プログラミング的思考がどのようなものかをイメージすることができた」という声が上がった。

写真1 プログラミング的思考を活用した授業の紹介

活動1 プログラミング的思考を活用した授業の体験（ICT支援員）

活動1では、ICT支援員がティーム・ティーチングの際に、全体を進める主な教員（T1)、情報教育担当（T2）がサポート役として研修を行った。代表的なプログラミング的思考には、「順次（順番に処理を行う)」「反復（繰り返し処理を行う)」「条件分岐（条件により処理が変化する)」があると考えた。第4学年算数科「わり算のひっ算」の計算の手順に「順次」と「条件分岐」を活用し、教員に体験してもらった。自分たちが実際に体験することで、プログラミング的思考で使われる用語の具体的な意味も捉えることができた。

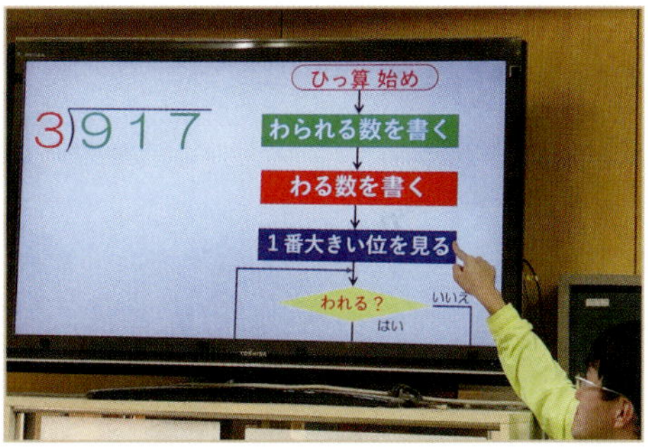

写真2 プログラミング的思考を活用した授業の体験

活動2 年間指導計画案をもとに、授業の構想を話し合う（情報教育担当、ICT支援員）

本校の教員の実態を考慮し、プログラミング教育における年間指導計画案には国語・算数・理科・生活・総合的な学習の時間での授業展開例を各教科1事例ずつ提示した。これらを紹介するとともに、指導にあたって不安なところやわかりにくいところを教員同士が気軽に意見交換することができるような雰囲気づくりを行った。参加者の会話から、「プログラミング的思考を活用した授業はできそうだな」など、前向きな意見が聞かれた。

写真3 授業例の紹介

全体を振り返って

本研修をきっかけとして、プログラミング教育を取り入れた授業を行う際は、公開し、自由に参観することができるようにした。内容としては、「コンピュータを使ったプログラミング学習」や「教科目標達成のために、プログラミング的思考を活用した授業」である。実施する日は、職員室の黒板に授業時間を提示し、教員に知らせた。参観した教員からは、「これだったらできそう」「プログラミング教育のイメージがより明確になったな」などの声が上がった。また、ICT支援員を活用し、研修で取り組んだ「わり算のひっ算」の授業を実施したいという教員の要望もあった。今後も、「やってみたい」という教員の思いとICT支援員の活用の可能性を高められるような研修を設けていきたい。

「参観」「体験」「改善」授業研究を通したプログラミング教育研修

広瀬　一弥
京都府亀岡市立東別院小学校
教諭（京都府小学校教育研究会情報教育部専門研究員）

時間	120分
実施主体	京都府小学校教育研究会情報教育部専門研究員
対象	亀岡市小学校教育研究会情報教育部員（各校情報教育担当が中心）

準備物
- 拡大して印刷した指導案
- 付箋
- 画用紙
- ホワイトボード

研修の概要

プログラミング教育について講義を受けたり、ワークショップ型の研修で体験したりしても、実際の授業場面での様子を想像することはなかなか難しい。そこで、プログラミング的思考を使って学校生活を改善する特別活動（学級活動）の授業参観と講義・ワークショップ型の研修を組み合わせ、効果的な研修になるように工夫した。実際に授業の中で子どもたちが体験したプログラミング的思考の内容を、研修の中でプログラミングを追体験することで、活動のポイントやその効果に気づくことを目的とした。授業を参観したからこそ具体的な改善点を考えることができた。

研修の流れ

時間	研修内容	留意点
授業参観（45分）	**1 2年生学活「みんなでより良いクラスになるために考えよう」の授業を参観する。** ●気づいたことを付箋に記録する。	●付箋は色を分け、「良かったところ」「課題」について書く。
講義研修（25分）	**2 政府広報「Society5.0」の動画※を視聴して、これから子どもたちが生きていく世界について考える。** **3 小学校で行うプログラミング教育について概略を知る。** ●導入の背景 ●プログラミング的思考について ●参観授業の内容との関連	●導入の背景で提示する人口の動態など統計資料は亀岡市のデータを使い、目の前に迫っている人口減少や少子高齢化の社会について気づかせる。 ●「小学校プログラミング教育の手引」や学習指導要領などを引用し、根拠を示しながら、伝えていく。
活動1（20分）	**4 参観授業の中で児童が行った、プログラミング的思考を使って学校生活を改善する活動を、追体験する。**	●グループでディスカッションしながら画用紙にフローチャートを作る。児童の目線から活動に参加する。
活動2（20分）	**5 本時の良かったところや、課題、具体的な改善案を付箋に記入し、拡大した指導案に貼っていく。**	●参観した児童の姿と、体験した活動を通して考えた改善点を話し合う。
終末（10分）	**6 研修の振り返りをする。**	●自分の学級でどのような実践ができるか具体的なプランを持てるようにする。

※　https://www.gov-online.go.jp/cam/s5/

研修のポイント

授業参観 参観の観点を明確にした研究授業

公開授業の会場で配布した指導案には、参観の観点と、その後の研修の見通しも記載した。参観の観点は、「児童の活動の様子」「板書や教材の工夫」「プログラミング教育について」の他に「学級活動に関わって」を例示した。教科・領域の学習の中でプログラミング教育を実施する際に、教科・領域のめあてを満たすことは言うまでもなく重要で、その点を意識して参観をしてもらった。それぞれの観点は相互に関連し合っていることにも気づくことができる。また、付箋紙をあらかじめ指導案に添付しておき、参観授業中に記入してもらえるようにした。

写真1　参観授業の様子

活動1 児童が行った活動を追体験する

直前に実際に児童が行った学習活動を追体験することで、プログラミング的思考について深く考えることができる。児童の行っていた活動は大人にとっても難しいが、追体験することで、どのようにすれば活動が改善できるか具体的に考えやすい。また、この追体験も児童と同じようにグループで行った。思考を共有し合意形成することは想像以上に難しい反面、多様なアイディアが出ることで、「自分の意図した一連の活動の実現」に近づくことを体験できる。グループでのプログラミング体験の有用性についても考えるきっかけになった。

写真2　児童が行った活動を追体験している様子

活動2 自らの体験が改善案に反映される

事後研究会を行う際、参加者の教員から出る意見は、自らの実践経験に裏打ちされた意見が多いように思う。しかし、小学校でのプログラミング教育は、まだまだ実践例も少なく、研修の参加者も、経験がない方がほとんどではないだろうか。今回の研修でも、授業参観の際に改善点を記入する付箋紙はほとんど書かれていなかった。しかし、追体験をした後には、多くの良かった点や改善点が書かれていた。プログラミング教育の研修では、机上の論理だけを学ぶのではなく、指導者自身の体験を多く積むことで、授業改善につながっていくようにすることが大切である。

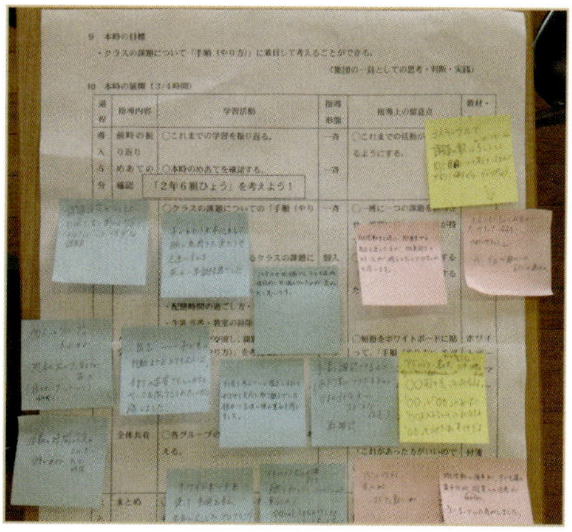
写真3　授業例の紹介

全体を振り返って

参加者からは、「具体的な授業展開を見ることができて良かった」「プログラミング教育の必要性がわかった」「自ら体験して、プログラミング的思考を他の人に伝えていく方法がよくわかった」などの意見が上がった。まだまだ、実践例が少ない中で、授業公開を積極的に行って、プログラミング教育の事例を共有していくことが求められていることを再認識した。

今回の研修の参加者は、校内の情報担当の教員や、情報教育に興味を持つ教員であった。今後は、情報教育に苦手意識を持っている教員にどのようにプログラミング教育の必要性と実践例を伝えていけばよいのか、また今回参加した教員がプログラミング教育推進リーダーとして各校で活躍できる仕組みを考えていきたい。

企業と連携した校内研究会

桑島　有子
東京都荒川区立第二日暮里小学校
教諭（研究主任）

時間	180分
実施主体	研究主任、外部講師
対象	校内教員

準備物
- プログラミング教材：レゴWeDo 2.0
- タブレット端末
- 校内で作成したプログラミング用の学習ファイル（学習の約束や接続の仕方、部品一覧書、ロボット組み立て書）
- 各学年の指導案

研修の概要

本校では、総合的な学習の時間でプログラミングを体験しながら論理的思考力を身につけるための学習と、各教科でコンピュータを用いずに「プログラミング的思考」を育成する学習を行っている。また、2018・2019年度（平成30・31年度）東京都プログラミング教育推進校として株式会社内田洋行と企業連携している。校内研究会では、株式会社内田洋行とレゴ エデュケーションの方々を講師にお招きし、企業の方々から教材や先行事例について講演いただいた。教材開発の歴史を振り返り、教材への思いや考えを知るとともに専門的なアドバイスを受け、さまざまな視点から指導計画を検討することを目的とした。

研修の流れ

時間	研修内容	留意点
講演 （80分）	**1 講演「レゴを使ったプログラミング体験」** 講師　レゴ エデュケーション ● ロボット教材を組み立て、動かしながら研修する。 **2 講演「プログラミング教育の手引」に関連した事例紹介」** 講師　株式会社内田洋行 ● 理科と算数の事例では、実物を見ながら教材の使い方や指導方法を学ぶ。	● 企業理念や教材の歴史、教材の特性を知り、理解を深める。 ● 学習指導要領に例示されている単元（理科・算数）の先行事例について紹介していただく。
活動 （100分）	**3 各教科でコンピュータを用いずに「プログラミング的思考」を育成する学習について第3学年国語科の学習指導案を検討する。** ● 模擬授業 ● グループ協議 **4 プログラミングを体験しながら論理的思考力を身につけるための学習について** 「総合的な学習の時間」学習指導案を検討する。 ● 1学期に行った授業の成果と課題について報告 ● 各学年の指導計画について説明 ● 2学期に行う研究授業の指導案検討	● 手順を考える場面では実際に付箋紙に書く。 ● 昨年度実践された内容をもとに各担任は指導案を作成する。学習活動や指導方法など、悩んでいることや課題について話し合う時間を設ける。

研修のポイント

講演 教材について理解を深める

授業者は指導案やワークシート作成など検討するべきことがたくさんあるが、プログラミング教育は先行事例が少なく悩みも多い。そのため本校では企業と連携した教材研究を行った。教材を開発したレゴ エデュケーションの方に講演をお願いし、実技研修をしながら企業理念や教材の歴史、教材の特性について伺った。また、2018・2019年度（平成30・31年度）東京都プログラミング教育推進校で企業連携をしている株式会社内田洋行には先進校の実践を紹介いただき、授業づくりのポイントを学ぶことができた。

写真1 教材の特性や活用方法などの紹介（レゴ エデュケーション）

活動-① 実際に付箋紙に書いて手順を考える

コンピュータを用いずに「プログラミング的思考」を育成する授業の指導案検討では、おもちゃのつくり方を考える場面の模擬授業を行った。手順を付箋紙に書き、並び替えてみると、書き方や内容についてさまざまな疑問や意見が出てきた。付箋紙を見比べると、書き方の工夫が各々違うことがわかった。自分が担当している学年や教科のつながりを意識して話し合いを深めていった。研究授業では、模擬授業を踏まえて視覚的にわかりやすいよう導入場面を工夫し、実際に自分たちも手順を書いて体験しながら授業をつくることの大切さを学んだ。

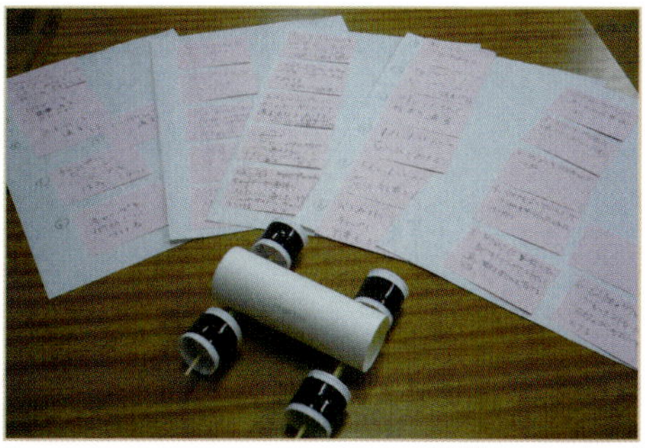

写真2 「レーシングカー」をつくるための手順を考えた

活動-② 教材を開発した企業とともに授業をつくる

2つの分科会に分かれて「総合的な学習の時間」学習指導案を検討した。1学期に行った実践の成果や課題を踏まえ、多様な解決方法がある課題設定や試行錯誤できる体験的な活動、ワークシートなど具体的な手だてについて話し合うことができた。

企業の方々には授業支援も受けており、校内のICT環境なども把握してもらっていた。そのため、本校の児童の実態に合った専門的アドバイスを受けることができた。また、ICT支援員と学習のねらいに合った具体的なサポート内容について打ち合わせを行う機会にもなった。

写真3 各分科会で話し合ったことを全体で共有

全体を振り返って

企業の方々と連携した校内研究会では、教材の新しい活用方法や授業づくりのポイントなど多くの学びがあった。地域や学校によってICT環境やコンピュータなどの情報機器の活用状況はさまざまである。プログラミング教育を行うにあたり、学習指導とICT環境の両面から計画的に進める必要がある。コンピュータを用いたプログラミングを本格的に始めた当初は事前に情報機器の設定をする必要があり、情報教育担当教員とICT環境について把握し、整備することの大切さを実感した。そして、授業中の接続トラブルも多かったが企業の方々から設定方法や扱い方の注意点、トラブルが起きたときの対処方法などについても詳しく助言をいただいた。教員だけではわからないことも多いので、今後も企業・団体と積極的に連携していきたい。

まずは体験！プログラミング実技研修会

桑島　有子
東京都荒川区立第二日暮里小学校
教諭（研究主任）

時間	30分
実施主体	研究推進委員会（校内組織）
対象	校内教員

準備物
- プログラミング教材：レゴWeDo 2.0
- タブレット端末
- 校内で作成したプログラミング用の学習ファイル（学習の約束や接続の仕方、部品一覧書、ロボット組み立て書）

研修の概要

本校では、3年生から6年生が総合的な学習の時間などでロボット教材（レゴWeDo 2.0）を活用して学習を行っている。教員の多くはプログラミングを体験することや指導することが初めてである。そこで、プログラミングの面白さを感じながら、具体的な指導内容について意見交換することを目的とし、ロボット教材を使ったプログラミングのミニ実技研修会を行った。ICT活用研修も兼ねることができるので4月に実施した。実際にロボット教材に触れ、プログラムを作成してロボットを動かすやり方を学ぶことができた。

研修の流れ

時間	研修内容	留意点
導入（5分）	**1 今日の研修内容について知る。** 初めて経験する教員 ●実際にプログラミングを体験し、教材の使い方やロボットを動かす方法を理解する。 経験ある教員 ●昨年度研修をしていないモデルのロボットをつくり、教材研究をする。	●校内の研究について説明する（プログラミング教育、プログラミング的思考とは等）。 ●話し合いながら研修を深められるように、2人1組で行う。
活動（20分）	**2 タブレット端末を起動し、スマートハブをBluetoothで接続する。** **3 学習の約束を確認し、ロボットを組み立てる。** **4 プログラムを作成し、実際にロボットを動かしてみる。いろいろなプログラムを試してみる（パワー、時間、回転、ループ、サウンド、ライト、センサーなど）。**	●実際にロボットを組み立てると部品の場所を覚えられ、指導するときにも役立つ。 ●次年度以降や他教科でもスムーズに取り組めるように校内で学習のルールを確認する。
終末（5分）	**5 研修のまとめを行う。** ●それぞれがつくったロボットを見せ合い、意見交換する。かたづけをする。	●疑問や課題について共有し、それぞれアドバイスし合う。

研修のポイント

導入　教員同士で交流しながら研修

プログラミング教育に対して苦手意識をなくし、交流することが大切と考え、２人組で行った。実際に体験することで自分が意図したとおりにロボットが動く面白さを味わいながら、活動の具体的なイメージを持つことができた。交流していく内に、新しい題材を開発する教員やロボットを改造する教員、面白いプログラムを考える教員など、それぞれが魅力的なアイディアを出していった。若手からベテラン教員まで、みんなが活躍できる楽しい研修会となった。

活動　環境整備や教具の工夫

プログラミングを体験するのは楽しくても、実際に指導するとなると不安は山積みである。研修では、あったら便利だと思う教具や必要な環境整備について話し合いを進めた。これらの意見を参考にして、授業で使用するプログラミング用の学習ファイルや試走シートなどを作成した。ファイルには学習の約束や部品一覧書、ロボット組み立て書などが入っている。シートがあると準備やかたづけの時間を短縮することができる。実践する教員だけに負担がかからないよう、情報交換しながら校内全体で計画的に進めていきたい。

終末　系統的、発展的に進められるよう指導内容を検討

プログラミング的思考を育むために、あてずっぽうでプログラムを作成するのではなく、探究的に学習できるようにしていきたい。また、計画的・継続的な実践や教科等で横断的に行うことが大切である。そのために児童の実態を踏まえて系統的、発展的に指導計画を作成していく必要がある。研修会では昨年度の取り組みを報告し合った。そして、研究全体会では学年相互の関連を図りながら指導内容を整理することと、プログラミングの体験を通して児童に学んでほしいことや育てたい力について話し合った。

写真１　お互いにアドバイスをし合いながらロボットを組み立てている様子

写真２　学習ファイルと板書用プログラミングアイコンマグネット

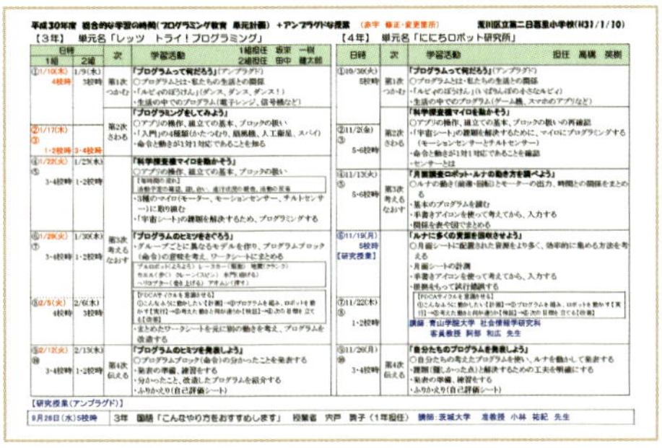

平成30年度　総合的な学習の時間（プログラミング教育　単元計画）＋アンプラグドな授業　（赤字　修正・変更箇所）　荒川区立第二日暮里小学校（H31/1/10）

【3年】　単元名「レッツ　トライ！プログラミング」

日時 1組	日時 2組	次	学習活動（1組担任　坂東　一樹　2組担任　田中　健太郎）
①1/10(木) 4校時	1/9(水) 3校時	第1次 つかむ	「プログラムって何だろう」（アンプラグド） ○プログラムとは・私たちの生活との関係 ・「ルビィのぼうけん」（ダンス、ダンス、ダンス！） ・生活の中でのプログラム（電子レンジ、信号機など）
②1/17(木) ③ 1・2校時	3・4校時	第2次 さわる	「プログラミングをしてみよう」 ○アプリの操作、組立ての基本、ブロックの扱い ・「入門」の4種類（かたつむり、扇風機、人工衛星、スパイ） ・命令と動きが1対1対応であることを知る
④1/22(火) ⑤ 3・4校時	1/23(水) 1・2校時	第3次 考える なおす	「科学探査機マイロを動かそう」 ○アプリの操作、組立ての基本、ブロックの扱い ・3種のマイロ（モーター、モーションセンサー、チルトセンサー）に取り組む ・「宇宙シート」の課題を解決するため、プログラミングする
⑥1/29(火) ⑦ 3・4校時	1/30(水) 1・2校時		「プログラムのヒミツをさぐろう」 ・グループごとに異なるモデルを作り、プログラムブロック（命令）の意味を考え、ワークシートにまとめる 【PDCAサイクルを意識させる】 ・まとめたワークシートを元に別の動きを考え、プログラムを改善する
⑧2/5(火) 4校時	2/6(水) 3校時		
⑨2/12(火) ⑩ 3・4校時	2/13(水) 1・2校時	第4次 伝える	「プログラムのヒミツを発表しよう」 ○プログラムブロック（命令）の分かったことを発表する ・発表の準備、練習をする ・分かったこと、改造したプログラムを紹介する ・ふりかえり（自己評価シート）

【4年】　単元名「ににちロボット研究所」

日時	次	学習活動（担任　高橋　英樹）
①10/30(火) 5校時	第1次 つかむ	「プログラムって何だろう」（アンプラグド） ○プログラムとは・私たちの生活との関係 ・「ルビィのぼうけん」（いばらんぼの小さなルビィ） ・生活の中でのプログラム（ゲーム機、スマホのアプリなど）
②11/2(金) ③ 5・6校時	第2次 さわる	「科学探査機マイロを動かそう」 ○アプリの操作、組立ての基本、ブロックの扱いの再確認 ・「宇宙シート」の課題を解決するために、マイロにプログラミングする（モーションセンサーとチルトセンサー） ・命令と動きが1対1対応であることを確認 ・センサーとは
④11/13(火) ⑤ 5・6校時	第3次 考える なおす	「月面探査ロボット・ルナの動き方を調べよう」 ○ルナの動き（前進・回転）とモーターの出力、時間との関係をまとめる ・基本のプログラムを読む ・手書きアイコンを使って考えてから、入力する ・関係を表や図でまとめる
⑥11/19(月) 5校時【研究授業】		「ルナに多くの資源を回収させよう」 ○月面シートに配置された資源をより多く、効率的に集める方法を考える ・月面シートの計測 ・手書きアイコンを使って考えてから、入力する ・根拠をもって試行錯誤する 【PDCAサイクルを意識させる】 講師　青山学院大学　社会情報学研究科　客員教授　阿部　和広　先生
⑦11/22(木) ⑧ 1・2校時		
⑨11/26(月) ⑩ 3・4校時	第4次 伝える	「自分たちのプログラムを発表しよう」 ○自分たちの考えたプログラムを使い、ルナを動かして発表する ・課題（難しかった点）と解決するための工夫を明確にする ・発表の準備、練習をする ・ふりかえり（自己評価シート）

【研究授業（アンプラグド）】

9月26日（水）5校時　3年　国語「こんなやり方をおすすめします」　授業者　宍戸　眞子（1年担任）　講師：茨城大学　准教授　小林　祐紀　先生

写真３　総合的な学習の時間（３年生から６年生）指導計画※

全体を振り返って

苦手意識を持っていた参加者からも「やってみると、思ったより簡単だった！」「面白かった」「児童の立場に立って教材研究をすることができた」などの感想があった。相互交流する中で新しい気づきがあり、わくわくするような楽しいアイディアが次々と生まれた。

プログラミングや情報教育に詳しい一部の教員だけが行うのではなく、全教員が校内研究を主体的に進めていくことが大切である。まずは、自分が経験、体験して不安要素を減らしたり、悩みを気軽に相談したりできる雰囲気をつくりたい。プログラミング教育で学ぶ目的を明確にするとともに、授業で生かせる指導工夫や専門的知識を高められるような研修を今後も企画していきたい。

※　本校の年間指導計画は本校ウェブサイトからダウンロード可能。
http://www.aen.arakawa.tokyo.jp/DAI2NIPPORI-E/

プログラミングの概念を楽しく理解するための体験型ワークショップ

阪上　吉宏
エデュテクノロジー
代表取締役

時間	45分
実施主体	情報担当、外部講師
対象	校内教員

準備物
- プログラミング教材：Makey Makey ClassicまたはMakey Makey STEM Pack
- インターネットに接続可能なパソコン等、およびインターネット回線
- Makey Makeyの紹介動画※
- アルミホイルなど電気を通す素材

研修の概要

プログラミング教育と聞くとイメージがわかない、あるいは難しい、自分には関係ないと思われる方が多いが、実はプログラミングは日常に欠かせないものになっている。ふだん身の回りにあふれている機器やサービスの多くにはプログラミングが利用され、便利で豊かな生活を過ごせるようになっている。本研修では、プログラミングは特別なものではなく、一般的なものだということを理解してもらうために、元・マサチューセッツ工科大学（MIT）学生が開発したプログラミング教材「Makey Makey」を使用し、楽しみながらプログラミングを体験し、概念や感覚を理解することができた。

研修の流れ

時間	研修内容	留意点
導入 （10分）	**1 プログラミング教育の概要を理解する。** (1) 身近にあふれるプログラミングの例について (2) 世界的なプログラミング教育の状況について (3) プログラミング教材の種類について	● 自動販売機など身近にプログラミングで成り立っているものが多いことや他国では教科としてプログラミング学習が導入されている例を紹介する。 ● プログラミング教材といっても、種類は多岐に渡ることの理解を促し、学びの目的に応じて選別が必要なことを明確にする。
活動1 （15分）	**2 楽しみながら、新しい発見を体験する。** (1) グループごとにPCとMakey Makeyを接続し操作準備を行う。 (2) Makey Makeyが用意するブラウザアプリを使用し仕組みを理解する（https://makeymakey.com/apps）。	● 初めての教材にとまどわないよう、グループごとに活動する。必ず電気が循環するように、ワニ口クリップをMakey Makeyボートのアースにつなぎ、もう一方のワニ口を指などで持つ。Makey Makeyは電気を通す物体とつなげることで、コントローラー代わりになる。アプリは、ピアノや太鼓などわかりやすいものを選び、操作に慣れる。
活動2 （15分）	**3 汎用的な教材の発展性を体験する。** (1) 複数の物（アルミホイル、鉛筆、手など）をピアノの鍵盤とし、演奏を試みる。 (2) アプリに慣れているグループは、Scratchとの連携にチャレンジし、発展の可能性を体験する。	● 教材の特性の理解が進むとやりたいことが増える。一方、どうやって実現させればいいかわからなくなることもある。電気を通す素材の候補を準備したり、アプリを事前に調べ選択肢を増やしたりしておくことが重要。
終末 （5分）	**4 研修のまとめを行う。** (1) 授業での活用の可能性を各グループで協議する。 (2) 全体に共有する。	● 理科（電気の単元）の活用だけにならないよう留意する。特に楽しく体験していたことを再認識し自由でワクワクするイメージを大事にする。

※　https://youtu.be/rfQqh7iCcOU

研修のポイント

導入　プログラミングは難しいものという考えを払拭する

プログラミングというとキーボードで英字を打ち込む「コーディング」をイメージする人が多いが、ツールをよく調べると、教材としてはPC画面上でブロック等のパーツを組み合わせてプログラムを作成するビジュアル型プログラミング言語の利用が多い。また、概念を学ぶだけでなく、ロボットなどを制御するために使えるものも存在する。ここでは、目的に応じて教材やツールが選べるということを紹介し、コーディングができるようになることだけがねらいではないことを理解してもらった。

活動1　ゲーム感覚で初めての教材に親しむ

教材を初めて渡された瞬間は、見るからに頭にハテナが浮かんでいそうな参加者も、Makey Makeyの紹介動画を見たときに瞬時に興味がわいた様子だった。本研修は、かしこまってプログラミングの用語「順次」や「反復」などを学ぶ前に興味関心を高めてもらう位置付けとし、まずは楽しんでもらうことに重きを置いた。

終末　研修のまとめ

本研修ではプログラミングの楽しさに触れるだけではなく、最終的には授業で活用してほしいという思いもあり、まとめとして学習場面での活用をイメージする協議の時間を用意した。興味関心が高まると、様々なアイディアが湧き出るところが印象的だった。参加者からは算数や理科での活用アイディアが出たほか、音楽や体育を交えて教科横断な取り組みへの発展への意識づけもできたことから、プログラミング学習の活用場面が広いことを取り上げることができた。

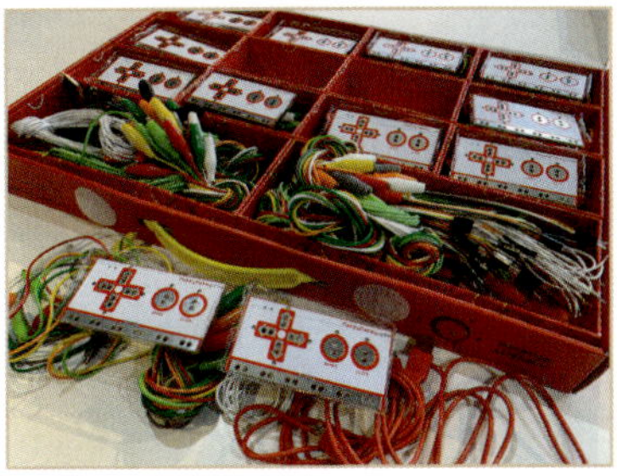

写真1　研修で利用したMakey Makey STEM Pack

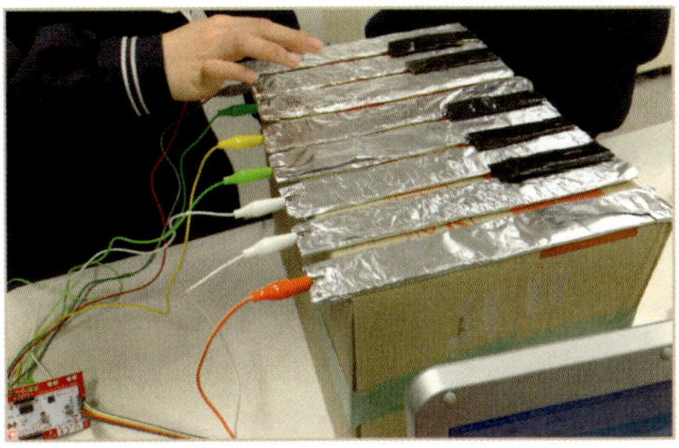

写真2　Makey Makeyをアルミホイルで作った鍵盤に接続

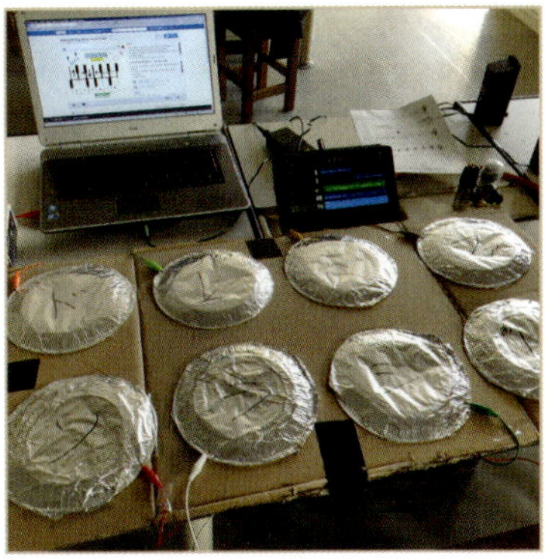

写真3　演奏と組み合わせることで音楽の学習にも発展できる

全体を振り返って

教員がプログラミングに対して後ろ向きなイメージを持つのは、難しいものだという先入観からきていることが多い。また、これまでに知らなかったことや得意でないことに取り組もうとしているので、不安感があるのは当然だ。しかし、実際に小学校や中学校でこれから教えようとしていることは、コーディングスキルではなく、考え方や興味関心を高めることにある。ツールの使い方に焦点を当てすぎないことに注意が必要だ。今回は、Makey Makeyという安価かつ汎用的に使用できるツールを教材として使用したが、同様な教材は他にもある。専用の教材は汎用性が乏しいときがあるが、わかりやすさでは利点もある。汎用性が高いということは、自由度が高いがために、初めて取り組む受講者にはよりイメージしやすくする工夫が必要だと考える。

地元企業の協力でプログラミング教育推進

喜多　由紀
石川県かほく市立高松小学校
校長

時間	50分
実施主体	外部講師（株式会社PFU）
対象	校内教員（高学年担任と若手教員）、市内教員（参加希望者）

準備物
- テキスト「はじめてのプログラミング」「身近な機器にマイコンが」（PFU配布）
- プログラミング教材：IchigoJam
- PS/2対応キーボード、モニター

研修の概要

来年度よりプログラミング学習を教育課程に入れるにあたり、校内研修も進めてきたが、個々の教員の意識やスキルに差があり、授業への導入に対して消極的な言動が見られた。そこで、地元企業の株式会社PFUに協力依頼し、総合的な学習の時間にIchigoJamを活用した授業（5年生90分、6年生180分）を実施する前に、担任がサポート役を務められるように、同じ授業内容で教員対象の研修を行った。

まず、教員自身がプログラミングの楽しさを実感することが必要であり、そのうえで授業の意義や流れを確認しながら、授業への安心感と意欲を持たせることを研修のねらいとした。

研修の流れ

時間	研修内容	留意点
導入 （10分）	**1 身近な機器にあるマイコンについて考えよう。** (1) 身近な生活の中で、どんな事物にコンピュータが活用されているか考える。 (2) 意外な所で活躍するコンピュータを知る。	●プログラミング学習が身近な生活との関わりが深く、楽しく取り組めるものであることを確認する。
活動1 （20分）	**2 プログラミングに挑戦しよう①。** (1) プログラミングって何だろう？ (2) コンピュータに命令を出してみよう。	●テキストでも確認しながらコンピュータにプログラムを入力するようにする。
活動2 （15分）	**3 プログラミングに挑戦しよう②。** (1) コンピュータでLED点滅 (2) コンピュータとじゃんけんゲーム	●サポート担当教員の支援を受け、説明後の活動に差が出ないようにする。
終末 （5分）	**4 プログラミングでできることを考えよう。** (1) IchigoJamを活用して他にもできること (2) 授業者の立場で学習を振り返る。	●授業で活用するにあたって予想される問題点や学習内容について確認する。

研修のポイント

導入 楽しく役立つプログラミング学習に

授業実践を行うにあたって、まずは、教員自身がこれから導入されるプログラミング教育の意義を理解し、その必要性と有用性を実感しなければならない。

そのためにも、実際の授業をイメージしながら受講できるように、株式会社PFUの方には、児童と同じ内容での資料提示と説明を依頼した。まず、コンピュータが身近な生活と密着したものとなっており、さまざまな機器がプログラミングされていることによって、いかに便利な生活が保証されているか、提示資料を見ながら再認識する様子が見られた。

写真1 高学年のプログラミング授業

活動1・2 プログラミングに挑戦

実際に児童が体験学習するIchigoJamを活用し、1人1台を使って研修を行った。ただし、不明な点が出たときに相談しやすいように、机は、互いに向き合う形で配置した。また、机の大きさや配線の関係があるため、家庭科室を使用した。タブレットを活用する授業でも、20台を同時に使うため、充電しやすい家庭科室の利用が多い。

PFUの講師からの説明を受け、テキストも確認しながらプログラムを入力し、LEDを点滅させたり、明るさを変えてみたりした。小さな電球が光ることに感動し、積極的にプログラムの内容を変えていた。また、乱数入力によるじゃんけんゲームなど、算数の力が必要とされる場合もあり、試行錯誤の楽しさを教員自身が実感できたようであった。

写真2 初めてプログラミングに挑戦

終末 授業者の立場での振り返り

教員のコンピュータ活用力の差によって、IchigoJamを使って実施した内容はさまざまであった。三原色の組み合わせによってフルカラーLEDに挑戦したり、信号点滅の時間差やコンピュータ占いのためのプログラミングをしたりなど、興味を持って主体的に活動に取り組むことができた。

プログラミングに対して苦手意識を持っていた教員も、自分自身で楽しみながら活動に参加できたと同時に、どの学習場面で児童に対してのサポートが必要になるかを理解し、支援方法も確認することができた。

写真3 模擬授業形式の研修

全体を振り返って

本校では、3年前よりタブレットPCを活用した授業実践を始め、これからのプログラミング教育の導入も見据えて校内研修を継続して行ってきた。また、地元企業であるPFUの協力により、児童も教員もプログラミングについて学びを深めながら充実した学習活動を実践することができている。地元企業に支援を受けるメリットは、授業への協力だけではなく、事前の打ち合わせや教員への研修などの面にも十分ある。プログラミングが身近な生活と密着したものであることや、これから必要とされるプログラミング的思考について、児童に対して指導する際に、ものづくりの楽しさを実際に伝えてくれる地元企業の存在は、学校にとって大きなものである。授業後の児童の感想にも、将来ものづくりができる職業に就きたいというものがあった。

やればわかるおもしろさ、おもしろければ使いたくなる！

間下　英信
茨城県取手市立高井小学校
教諭（教務主任）

時間	60分（分割可）
実施主体	情報教育担当、または研究主任
対象	校内教員

準備物
● プログラミング教材：プログラミン、CodeMonkey、Blockly Games、Hour of Code、プログル、Scratch、ScratchJr、ドリトル ● パソコン／タブレット端末　● URLを入れた要項PDF ●「プラス面（Plus）」「マイナス面（Minus）」「興味深い面（Interesting）」の3つを整理するワークシート、付箋と丸シール ● 各学年・教科の年間指導計画

研修の概要

本研修は、授業での使用を前提とした「ビジュアル型プログラミング言語」の教材を実際に体験することにより、「難しそう」という教員の心理的なハードルを下げ、そのうえで、活用するための知識と能力の向上、ならびにプログラミングを授業で生かそうとする意識の高揚を目的としている。ここでは「この単元でこれを使いましょう」ではなく、いくつかのプログラミング教材を自らが触れることから始め、おもしろさを共有し合い、意見を出し合う過程で「ここで使えそう」→「使ってみよう」→「使ってみたい」と実践意欲を高めることを大切にした。

研修の流れ

時間	研修内容（ABC分類は「小学校段階のプログラミングに関する学習活動の分類」）	留意点
活動1 （25分）	**1 習熟度別に分かれ、4〜5人のグループで、1人1人異なる教材を体験する。** 課題1-1《入門者・初級者》 【プログラミングって何？】（B分類、C分類） ◎簡単なプログラミング（総合的な学習や裁量の時間を想定）を体験 ☆プログラミン／CodeMonkey／Blockly Games／Hour of Code（モアナと伝説の海など） 課題1-2《中級者・熟練者》 【正多角形を描く】（A分類） ◎教科で使えるプログラム（5年算数）を体験 ☆Blockly Games／プログル／Scratch／ドリトル **2 5〜7分程度体験したら交流する。** ● 自分が体験したものについて、今体験している人に随時アドバイスをしたり、説明したりする。 ● ワークシートに付箋やシールを付けていく。	● 習熟度別に2つの課題を同時に行うので、初級者も熟練者も知識や技能の向上を図れる。また、次年度、教員が入れ替わっても、同じ形式で実施が可能。 ● 課題1-1は、チュートリアルを体験し、適性学年やおもしろさ、夢中になれるか等を探る。 ● 課題1-2は、一からプログラミングするのではなく、公表されている【正多角形を描く】プログラムを活用する。児童目線で操作のしやすさ、教員目線で教えやすさを探る。 ● 体験しながら、随時、「プラス面」「マイナス面」「おもしろい面」を付箋に書いてワークシートに貼付する。課題1-1は「ふさわしいと思われる学年」、課題1-2は「教えやすさ」について、該当欄に丸シールを貼っていく。
10分	**3 完成したワークシートを見て、学習の見通しを持ったり、使いやすい教材を選択したりする。**	● 大まかな傾向をつかめればよい。実際に使ってみて整理することで、チュートリアルの系統性や、難易度、使いやすさが見えてくる。
活動2 （25分）	**4 3つの教材を自由に体験する。** 課題2《全員》 【創造性を生かす】（B分類） ◎自由度、創造性が高いプログラミング教材を体験 ☆プログラミン／ScratchJr／Scratch ● 体験しながら、ワークシートにまとめていく。 ● 各学年・教科の年間指導計画と見比べて、どの学年、教科、単元（活動）で活用できるかを考える。 ● 意見交換しながら、活用の可能性を探る。 ●（グループ分けした場合は）アイディアを順番に発表し、全体で共有する。	● 研修時間により、課題1と2は分割してもよい。 ● 受講人数が多い場合は、6〜7名ずつにグループ分けする。その際、若手・中堅・ベテラン、低・中・高学年の担任がバランスよく入るようにする。 ● それぞれの特性を付箋に書いて、1つのワークシートに貼っていくことで、全体の傾向がつかめ、適性学年や使用場面が見えてくる。 ● 年間指導計画を参考にしながら、自分の担当学年や指導経験学年を中心に考えていく。思い浮かばない場合は、先進校の活用計画等を参考にしてもらうとよい。 ● 多種多様な意見が出るように、ブレインストーミング形式で思いつくままに話し合ってもらう。

研修のポイント

活動１ どの学校でもできる！体験しながら概要がわかる！

ロボット教材がない、ICTは苦手、インストールは権限が……どれも心配無用。今回活用した教材はインストール不要で無料なうえ、児童が興味を持ちそうなものばかり。ネットにつながるPCさえあれば、マウス操作だけでできる。ただ、授業に生かすには長所短所があり、それを体験によって探っていく。課題1-1のチュートリアルは総合や裁量で活用（B分類、C分類）、課題1-2は学習指導要領に明示（A分類）、課題2は教科等の中で実施（B分類）と、文部科学省発「プログラミングに関する学習活動の分類」の中心3領域をカバーし、体験の中でプログラミング教育の概要をつかめる。

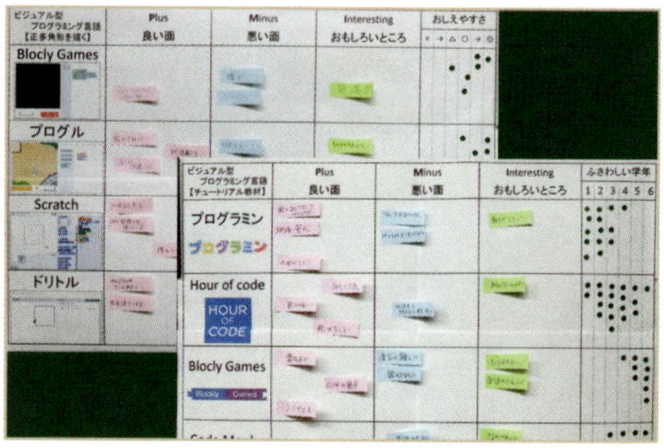

写真1 それぞれ体験して感じたことを、率直にワークシートにまとめる

活動１ アクティブラーニング型研修で心をつかむ！

この研修は、まず「自分で体験」をしながら「人に教える、説明する」活動があり、最後に「話し合う、意見交換する」という展開で進む。これは、まさにアクティブラーニングの手法であり、研修効果を高めるのに非常に有効である。課題1は、とりあえずやってみて「おもしろい」「案外楽しい」「これならできそう」を感じてもらう。そして、教員同士が、体験した教材について説明し合うことで共有化を図る。ここで得た教員自身の楽しかった体験や知識は、きっと児童たちにも伝えたくなり、それが授業実践へと結びつく。

写真2 輪になって、わいわいがやがやと、チュートリアル教材を体験

活動２ 「やってみたい！」と思わせる！

技能向上の研修をし、誰でも使える授業パッケージを用意しても、お仕着せでは教員は動かない。そこで課題2では、3つの教材を自由に操作し、創造性を生かしてプログラミングの可能性を探り、「なにかにつなげられないか」「どこかで活用できないか」を話し合う。まったく新しいものを求めるのではなく「算数の問題作りで使えそう」など、既存の学習に取り入れられる場面を見つけられればよい。ここでは、実現の可能性は問わず、児童が楽しそうに取り組む姿を想像し、たくさん提案することが大切である。それが「仕方なくやる」から「楽しそうだからやってみよう」という意識変換をもたらし、実践意欲へとつながる。

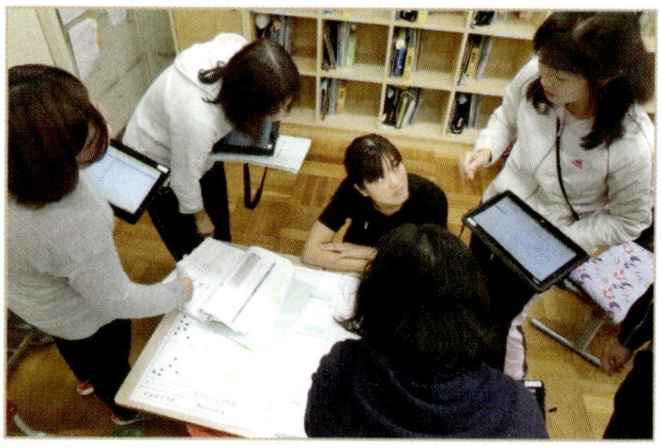

写真3 ワークシートと年間指導計画を見比べながら「ここで使えそうじゃない?」

全体を振り返って

「難しいという先入観があったが、やってみるとおもしろかった」「それぞれのよさや特性がわかったので、今後、学年に応じて生かしていきたい」「機械が苦手な私でもできた」「スマホや家のパソコンでもやってみた」「高学年だけのものかと思っていたが、1年生からできそうなものも発見できた。早くやらせてみたい」「どんなものかわかった。これなら、今までの学習に生かせそうな場面が無限にありそうな感じがする」などの感想が寄せられ、「難しい感」の払拭と実践意欲の向上に一定の効果をもたらせた。理論研修も合わせて行っていく必要があるが、今回の研修をもとに自校の教員集団の傾向や意向をつかめれば、今後、学校独自の年間指導計画に適切にプログラミングを組み込むことができ、カリキュラムマネジメントの大きなヒントになることも期待したい。

ScratchJrで楽しくプログラミング入門体験

清水　匠
茨城大学教育学部附属小学校
教諭（研究主任・副教務）

時間	60分
実施主体	研究主任
対象	校内教員

準備物
- プログラミング教材：ScratchJr、ドリトル
- タブレット端末
- ScratchJrの使い方ガイド（自作資料）、ドリトルの小学生向けプログラミングページ「ドリトルではじめるプログラミング」※

研修の概要

プログラミングを体験したことがない教員がほとんどで、どんな授業を行ったらよいのかイメージが持てず、教えることに不安を抱えている。そこで、まずは教員自身がプログラミングを体験し、その特徴や面白さについて実感することを目的に自由参加の研修を行った。児童のように夢中になってキャラクターを動かす教員の姿が見られ、「簡単に操作できること」「直感的に理解しやすいこと」などに気づくことができた。最後に、実践事例の紹介や、プログラミング的思考との関連をおさえ、まとめとした。プログラミング教育に取り組むことへのハードルが下がったようであった。

研修の流れ

時間	研修内容	留意点
導入 (5分)	**1 ビジュアル型プログラミング言語の概要を知る。** ●ScratchJrやドリトルなどたくさんある ●どれも、平面上のキャラクターを動かす指示をつくる	●ビジュアル型プログラミング言語のさまざまなバリエーションを提示することで、そのイメージを広げていけるようにする。
活動1 (40分)	**2 ScratchJrでのプログラミングを体験する。** (1) 基本操作を覚える。 ●ブロックの意味とつなげ方、スタートの仕方 (2) 見本と同じ動きになるように、指示を組み合わせる。 ●右に10歩行ってからジャンプしている ●このブロックを使えば同じ動きになるだろう (3) 完成したアニメーションとプログラムを共有する。 ●自分とは違う指示でも同じような動きになった	●基本的な操作は事前に伝えるが、それ以外の操作やブロックの意味については、いろいろ試しながら見つけていくようにすることで、試行錯誤しながらプログラムする姿を生み出していく。 ●アニメーションだけでなく、その指示にも目を向けていくことで、指示の組み合わせ方にも注目できるようにする。
活動2 (10分)	**3 ビジュアル型プログラミングの実践事例を知る。** ●ことわざの意味をアニメーションにすると、主体的に意味を調べる児童の姿が生まれている ●正多角形をコンピュータに書かせることで、人間では不可能な多角形を作図してくれるよさに気づいている	●活動1での実体験をもとに、教科等の学習にどう生かしていくのか、実践事例を提示することで考えていけるようにする。 ●時間に応じて、ドリトルによる多角形の作図を体験する機会も確保したい。
終末 (5分)	**4 ビジュアル型プログラミングとプログラミング的思考の関係を理解し、研修のまとめとする。** ●思ったよりも簡単に操作できて、やってみたいと思えた ●意図した動きになるように指示の組み合わせ方を考えたことが、プログラミング的思考の活用につながる	●教員自身が体験したプログラミング活動を振り返ることで、プログラミング的思考がどのように活用されているのか、実感を伴って理解できるようにまとめる。

※　https://dolittle-es.eplang.jp/

研修のポイント

活動1 見本と同じ動きになるようプログラミングする体験

プログラミング経験のない教員自身が、まずは楽しみながらその操作性や特徴を実感できるよう、ScratchJrを体験する時間を十分に確保した。見本と同じ動きになるように、指示を考えて組み合わせるという課題にしたことで、見本の動きを分解しながらその順序を考え、何度も試しながら指示を組み合わせていく姿が見られた。基本的な操作方法以外は、特に伝えていないのにもかかわらず、「ジャンプ」「○秒待つ」などの指示を見つけて活用しながら、自分にも簡単にプログラムをつくることができた達成感を味わっていった。

写真1　ペアで相談しながら、見本の動きを分解して、プログラムを考える

活動2 実践事例から学習への活用方法へ

実際に児童がどのようにScratchJrを活用して、教科等の学習を行っているのか、実践事例から学んだ。たとえば、ことわざの意味を調べて、アニメーションで説明する国語科の学習を取り上げた。「犬も歩けば棒にあたる」などのことわざを、ストーリー性のあるアニメーションにする課題を通して、意味を詳しく調べたり、端的に説明できる内容を考えたりする、主体的な姿を生み出すことができたことを理解した。活動1での実体験が、実際の児童の姿とつながり、授業での活用方法について考える機会となった。

写真2　紹介した国語科の実践事例の様子

終末 プログラミング的思考との関連を振り返る

ScratchJrでは、キャラクターを動かす面白さに目がいってしまい、教科等の学習としてどうデザインすればよいのか、疑問に感じる教員が多い。そこで、活動1で実体験したことや、実践事例の児童の様子をもとにして、プログラミング的思考がどのように活用されていたかを振り返った。プログラミングしている時には、意図した動きになるように動きを分解し、指示の組み合わせをつくるために論理的に物事を思考していることに気づいた。プログラミング的思考の具体について、実感を伴って理解することができた。

写真3　自分でビジュアルプログラミングしてみた体験を振り返る

全体を振り返って

プログラミング教育に不安を抱えていた教員も、時間を忘れて夢中になってキャラクターを動かしていた。見本の動きにアレンジを加えたり、複雑な指示を使ってみたりするなど、簡単な操作性や直感的なブロック設定を感じ取ることができた。さらには、その実体験からプログラミング的思考の定義である「意図した動き」「指示の組み合わせ」などをひもといたことで、プログラミング的思考への理解が深まったとの感想を得ることができた。一方、「遊びの活動に思えて、教科等の枠組みの中でどのように実施すればよいのか、まだわからない」という感想もあった。教員自身がプログラミングを体験して理解を深めると同時に、実際の授業の姿で示していく授業研修も行うことで、プログラミング教育への不安が解消していくものと考える。

Scratchを体験しよう！

山本　純
埼玉県久喜市立太田小学校
教諭（教務主任・研究主任）

時間	60分
実施主体	近隣の工業高等学校の教諭
対象	校内教員、中学校研究主任、中学校教員

準備物
- ノートパソコン
- プログラミング教材：Scratch
- Scratch研修会テキスト（酒井教諭作成）

研修の概要

新学習指導要領では、第5学年算数科の中に正多角形の作図について学習する単元があり、プログラミング的思考を育むことができるよう例示されている。しかし、具体的な指導法については経験がないため、市内の埼玉県立久喜工業高等学校酒井教諭に講師を依頼、まずは教員がビジュアル型プログラミング言語「Scratch」の体験を行うことを通して、具体的な指導法を考えられることを目的とした。また、中学校教員も参加することで、プログラミング教育を系統立てて指導していくための小中高校教員同士のゆるやかなつながりが常時持てるよう、今回の研修会を設定した。

研修の流れ

時間	研修内容	留意点
導入（10分）	**1 工業高校におけるプログラミング教育の現状とプログラミング教育のカリキュラムを紹介する。** ●工業高校におけるプログラミング教育の現状 ●実際のカリキュラムをもとにした指導例	●新学習指導要領での小学校プログラミング教育必修化を受け、中学校技術科、高等学校情報科での系統性のイメージについて共有化を図ると同時に、研修会の趣旨をおさえる。
活動（40分）	**2「プログラミング的思考」とはなにか、体験を通して学ぶ。** (1) ビジュアル型プログラミング言語「Scratch」を活用した体験を行う。 ●ねこのキャラクターを思い通りに動かすために、どのようなプログラムを組めばよいか。 ●見た目を変えたり音を出したりするには、どのようなプログラムを組めばよいか。 (2) フローチャートをもとにした、プログラミング的思考の具体例を理解する。 ●「朝起きてから、学校へ登校するまで」や「カップラーメンの作り方」を例としたとき、どのような手順が考えられるか ●「順次」「条件分岐」「反復」について	●前のスクリーンを見ながら、テキストをもとに、全体で一斉に進めていく。 ●「動き」や「見た目」「音」「制御」などを中心に、プログラミングを行う。 ●夏休みの工業高校主催の体験教室での実際の児童の反応を交えながら紹介してもらう。 ●思考ツールの中から、フローチャートを取り上げ、それぞれどのような手順が考えられるか、テキストに記入し、近くの参加者同士で交流する。 ●入れ替わってもよい手順と、入れ替わったらおかしい手順があることや、条件に対して「いいえ」の場合は、どこに戻って繰り返せばよいのか話し合うことで、代表的な3つの考え方を理解する。
終末（10分）	**3 研修のまとめを行う。** ●プログラミング教育を通して育む「プログラミング的思考」について ●プログラミング的思考を育むため、ツールとしての「Scratch」の具体的な活用法について	●小学校では、コーディングを身につけさせることは目的ではないことを確認する。 ●時間によっては、各教科の活用場面を話し合い、共有できる時間を確保したい。

研修のポイント

導入 工業高校におけるプログラミング教育の現状とカリキュラム紹介を行う

プログラミング教育について、必修化となる小学校だけでなく、すでに行っている中学校の技術分野や、工業高校でのカリキュラムの紹介や、充実した環境面について話してもらい、その違いに驚きの声が挙がった。中には3Dプリンターも設置してあり、生徒がプログラムを組んで制作したものを、実物として完成させせることができるなど、近隣にあっても、授業の様子や教育環境について知らないことがたくさんあった。今後不足すると予測されるIT人材の育成にも、プログラミング教育が果たす役割は大きいと実感することができた。

写真1　プログラミング教育の目的や校種ごとの系統性について確認

活動 キャラクターを動かすための基本的なプログラムを知る

Scratchを活用し、研修実施者が自作したテキストを活用しながら、基本的なプログラムの組み方やキャラクターの動かし方、背景の入れ替えやペイント機能などを紹介してもらった。また、フローチャートを活用し、思考を可視化し交流して相互の考えを深め合ったり、違いに気づいて修正し合ったりすることを通して、プログラミング的思考を育むための有効なツールとして活用できることを参加者が実感できた。代表的なプログラミングの要素である「順次」「条件分岐」「反復」について理解することができた。

写真2　意図した動きを実現するためには、どのような組み合わせが必要か

終末 プログラミング的思考を育成できる単元を探す

ここまでの体験を通して、新学習指導要領第5学年算数科の中の正多角形の作図について、実際にScratchを活用してどのようにプログラミング的思考を育むことができるのか体験した。キャラクターの動きをプログラムし、60度では正三角形が描けないことや、正五角形では何度になるか話し合い、実際に描いていった。従来通り手で作図することと比較したときすぐ再現できるよさなど、プログラミング的思考を育むうえでの有用性を体験することができた。また、他教科ではどのような活用場面が考えられるか話題が広がっていった。

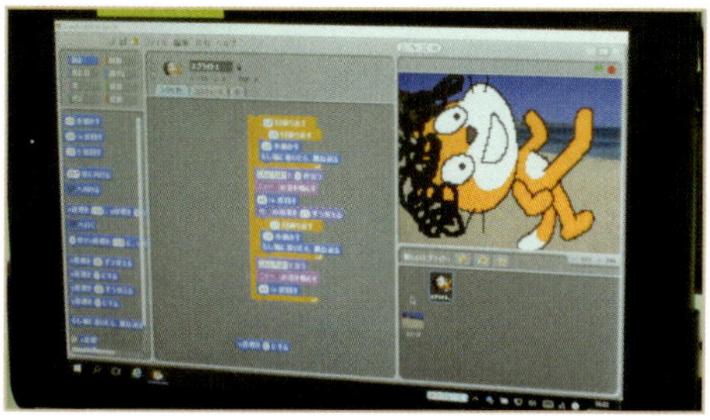
写真3　ベテランの教員も楽しそうに取り組み、キャラクターを動かした

全体を振り返って

「音楽でも、図工でも活用できそうだね」など研修会終了後も、Scratchを活用したプログラミング教育の可能性について話題が広がっていった。また、フローチャートを紹介してもらったことで、全学年でどの教科でもプログラミング教育が「できそうだ」という見通しが持てたと感じる。フローチャート等を活用したコンピュータを使用しないプログラミングは、低学年を中心とした全学年で、Scratchの活用を中学年程度に、ロボット教材の活用を高学年程度に位置付けることで、発達段階と系統性を踏まえられるようにした。また研修テキストの内容に関しても、各学年に適切に位置付けていきたい。小学校、中学校が相互に連携を図り、高等学校にも協力をしてもらい、プログラミング教育の方向性を共有し、同じ方向を見据えながら研究を進めていくことが重要である。

「地域の授業研究会×地域団体」でコラボレーション研修

山口 眞希
石川県金沢市立大徳小学校
教諭（研究主任）

時間	90分
実施主体	石川授業デザイン研究会 （石川県の若手教員と教員志望の学生による授業研究会）
対象	石川授業デザイン研究会メンバー

準備物
- プログラミング教材（一般社団法人FAPが準備）：Ozobot、PETS、ビスケット（viscuit）
- 付箋紙
- ホワイトボード、ホワイトボード用ペン

研修の概要

毎月1回、県内の若手教員と教員志望の学生、アドバイザーとして大学教員や管理職が集まり、学習会を開催している。中心となる市では、プログラミング教材を活用するプログラミング教育のカリキュラムが策定されている。しかし、多くの教員はプログラミング教材を体験したことがないため、どのような学びがあり、どのような授業が展開できるのか、考えにくいという現状であった。

そこで、プログラミング教室を主催している一般社団法人FAPの方々に協力していただき、児童の目線に立ってプログラミング教材を体験することを目的とした研修を設定した。体験を通して得たことをもとに、授業への活用方法について議論することができた。

研修の流れ

時間	研修内容	留意点
導入（10分）	**1 趣旨説明および講師の紹介** ●研究会リーダーより、研究会の目的を説明 ●一般社団法人FAP※の紹介 ●FAPより、これまでの活動の紹介	●児童の目線で体験するとともに、教員の目線で授業への活用方法や指導の手立てを考えることを大切にするよう話す。
活動1（40分）	**2 プログラミング教材の体験** ●Ozobot、PETS、ビスケットをそれぞれ自由に体験する	●FAPに使い方の説明はしてもらわずに体験することで、児童だったらどの程度できそうか、どこでつまずくか実感できるようにする。
活動2（10分）	**3 体験を通して得た気づきの共有**	●FAPにもあらかじめ断っておき、ざっくばらんに率直な感想を共有することで、授業づくりについて多様な視点を持てるようにする。
活動3（20分）	**4 プログラミン教材を活用した授業展開について議論**	●考えを付箋紙に書き出し、ホワイトボードを使って分類・整理しながら議論する。 ●FAPにもどんどん意見を言ってもらい、教員とは違う見方も持てるようにする。
終末（10分）	**5 まとめ 閉会**	●学んだことを誰とどのように共有するか宣言する。

※ https://kanazawafap.weebly.com/

研修のポイント

活動1　地域団体に協力してもらい、みんなで体験

　プログラミング教材は高額なものも多いため、予算のない自主的な研究会では購入することが難しい。このような状況下で、地域の団体に協力していただくことは大変意義がある。今回は、あえてプログラミング教材を販売する企業ではなく、プログラミング教室を運営している地域団体（一般社団法人）にお願いをした。そうすることで、自社製品にこだわらず、さまざまな企業から販売されているプログラミング教材の中から授業で活用できそうなものをいくつか紹介していただくことができる。また、プログラミング教室での児童の活動の様子や反応についても伺うことができるため、授業構成を考えるうえでも有益である。

写真1　児童の目線で体験

活動2・3　教員も地域団体も気軽に議論できる場づくり

　体験して終わりではなく、体験して得た気づきを共有したり、授業づくりにどう生かせるかを話し合う場を設定することが大切である。多様な見方を得たり、自分では気づかなかった視点で考えたりすることができるからである。地域団体の方にもどんどん話に参加してもらうようお願いしておき、参加者全員で机を囲んで気軽に考えが出せるようにした。また、付箋紙にアイディアを書き出し、分類したり整理したりしながら議論をすることで、意見が可視化され活発な議論につながる。ホワイトボードに書き表された意見を撮影する姿も見られた。

写真2　地域団体と教員がともに気づきを共有する

終末　行動宣言！「私は今日の学びを誰にどんな方法で伝えます」

　研究会の最後には、まとめとして「今日の学びを誰にどんな方法で伝えるか」一人一人が行動宣言をするとよい。地域の研究会の役割は、自分たちが授業力を身につけることだけでなく、自分たちが学んだことをまわりに広め、地域の教育を高めていくことである。だからこそ、今日の学びを伝える・広めるためにどんな行動をするか、一人一人が具体的に考えた――「校内の若手主体の自主勉強会で写真を見せながら伝えます」「SNSで今日の会の様子を教員仲間に発信します」「まずは同期の先生に明日話します」。他の人の行動宣言を聞くことで、発信する方法を新たに知ることもできた。

写真3　今日の学びを誰にどのように伝えるか「行動宣言」

全体を振り返って

　この会は県内の各地から教員が参加していること、少人数で開催していることが強みであるため、各市町村の取り組みについて情報交換できたり、少人数で率直な意見を出し合うことができたりして議論が深まった。地域団体の方には、事前に研究会としての意図を十分に説明しておくこと、「ともに考える」姿勢で臨んでいただくことが重要である。

　今後は、今回の体験をもとに、それぞれが校内で行った実践を共有すること、教科との関連を考えていくこと、具体的な課題設定や活動の流れを考え、みんなで指導案を1本作成することを進めていきたい。また、教員こそさまざまな人と関わり、知見を広めることで児童の学びがよりいっそう豊かになると考える。本研究会でも地域の人々とのコラボレーションをこれからも大切にし、児童にとってよりよい授業づくりを追求していきたい。

今日からできるプログラミング教育

藤原　晴佳
茨城県つくば市立春日学園義務教育学校
教諭

時間	90分
実施主体	プログラミング教育部会
対象	校内教員

準備物

- リンダ・リウカス『ルビィのぼうけん　こんにちは！プログラミング』翔泳社（2016）※1
- 小林祐紀、兼宗進、白井詩沙香、臼井英成 編著『これで大丈夫！ 小学校プログラミングの授業　3＋αの授業パターンを意識する［授業実践39］』翔泳社（2018）※2
- 一般社団法人ICT CONNECT21『小学校プログラミング教育導入支援ハンドブック2018』※3
- プログラミング教材：micro:bit、プログラミン
- タブレット端末

研修の概要

本研修では、小学校プログラミング教育の概要および取組事例を理解することをねらいとし、小学校プログラミング教育に関する講話や体験を取り入れることとした。本校では、ほとんどの教員がプログラミング教育必修化に不安をもっていた。したがって、プログラミング教育の導入の背景やねらいを明確に示すだけではなく、楽しく体験できたり、身近な機械がプログラムによって動いていることに気づいたりできる活動を採用することが、本研修のポイントとなる。体験では、コンピュータを用いずに「プログラミング的思考」を育成する指導やビジュアル型プログラミング言語の両方を体験することで、取り組む幅を広げてもらいたいと考えた。

研修の流れ

時間	研修内容	留意点
講義 (10分)	**1 プログラミング教育の背景・ねらいを確認する。** (1) プログラミングって？ ●プログラミングが身近に生かされていること (2) 社会的背景・新学習指導要領で求められるもの ●文部科学省で示されている情報などの提供	●プログラミング教育への抵抗感を減らすため、身の回りの電気製品への活用やプログラムされていることの便利さについて触れる。 ●文部科学省で示されている資料をもとに、小学校プログラミング教育のねらいやゴールを示す。
活動1 (30分)	**2 コンピュータを用いずに「プログラミング的思考」を育成する指導の体験を行う。** (1) 体験授業「プログラミング的思考である順次処理の考え方を生かして課題に取り組もう」 ●歯磨きの仕方を考えよう ●二等辺三角形のかき方を考えよう	●『ルビィのぼうけん』を活用し、プログラミング的思考を生かして、課題に取り組むことができるようにする。 ●実際に教科での適用場面を考えるように促す。
活動2 (40分)	**3 ビジュアル型プログラミング言語の体験を行う。** (1) プログラミンを生かして、「夏」をテーマにプログラミングをしよう ●プログラミンを使用して、プログラムの作成	●タブレット端末を複数台用意し、事前にプログラミンを使用できるようにしておく。 ●各学年の教員（6〜7名）に1〜2台用意し、対話的に関わることができるよう設定する。
終末 (10分)	**4 研修のまとめを行う。** (1) 実践事例の紹介を行い、プログラミング教育のイメージを持つ。 (2) 学年ごとに、本年度はどこまでを目標とするのかを決める。 ●1年間の見通しを提示し、取り組む意欲を持たせる。	●実践事例や書籍等を紹介することで、イメージを持つだけでなく、授業導入の手助けとなるようにしたい。 ●課題や計画を示し、見通しをもって取り組むことができるようにする。

※1 https://www.shoeisha.co.jp/book/rubynobouken/
※2 https://www.shoeisha.co.jp/book/detail/9784798156408
※3 https://ictconnect21.jp/news_180712_003/

研修のポイント

導入 プログラミングは身近なもの

導入では、理論やプログラミング教育の目的を伝えるより先に、身の回りの機械がプログラムによって動いていることを実感することが大切だと考え、身の回り（トイレのセンサー）のプログラムの例を示し、プログラミングはどんなところで生かされているかに気づくことができるようにした。たとえば、ここで紹介した例では、人感センサーが働くことで、人が来たら明かりがつき、一定時間人の動きを感知しない時は明かりが消える仕組みになっている。身の回りの機械の仕組みを知ることで、プログラミングへの興味関心につながった。

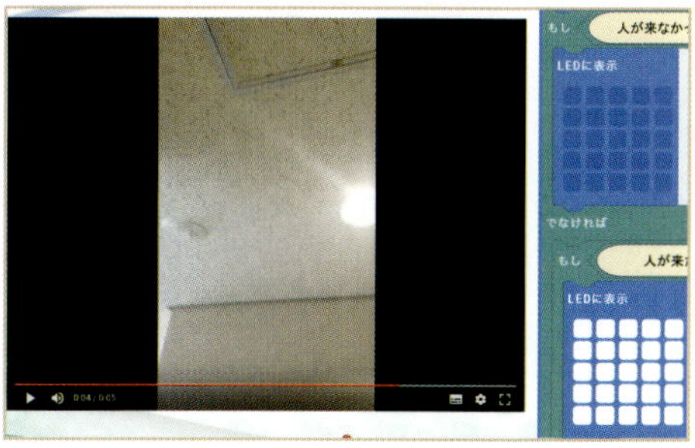

写真1 センサー付きトイレの動画とプログラム画面（micro:bitのプログラム画面）を提示

活動1・2 プログラミングを体験してみよう

活動1・2では、コンピュータを用いずに「プログラミング的思考」を育成する指導の体験や本市で扱う文部科学省が開発した「プログラミン」の体験を取り入れた。基本的な操作方法を行った後、「夏」をテーマとし、学年ごとに思い思いの夏をイメージしながら、プログラムを作成した。時には笑い声があふれたり、みんなで頭を悩ませたりしながら、想像力を膨らませたプログラムを作成することができた。また、学年ごとに作成したプログラムをテレビ画面に映し出し、プレゼンテーションをすることで、それぞれの学年の発想やプログラムの違いに注目することができた。

写真2 海で魚を泳がせたり、クジラが出現したりする想像力を働かせたプログラムの作成場面

終末 プログラミング教育への見通しを持つ

研修の終末場面では、コンピュータを用いずに「プログラミング的思考」を育成する指導やビジュアル型プログラミング言語の実践を複数紹介しながら、どのように授業の中にプログラミングを取り入れることができるかを示した。イメージを持ってもらいながら、『小学校プログラミング教育導入支援ハンドブック』を活用し、各学年がどのstepまで目指せるかを検討し合った。目標をもたせることで、体験で終わらず、取り組む意欲を持たせることにつながった。また、学校全体のプログラミング教育の計画を提示し、小さな目標から大きな目標まで見通しをしっかりと持たせた。

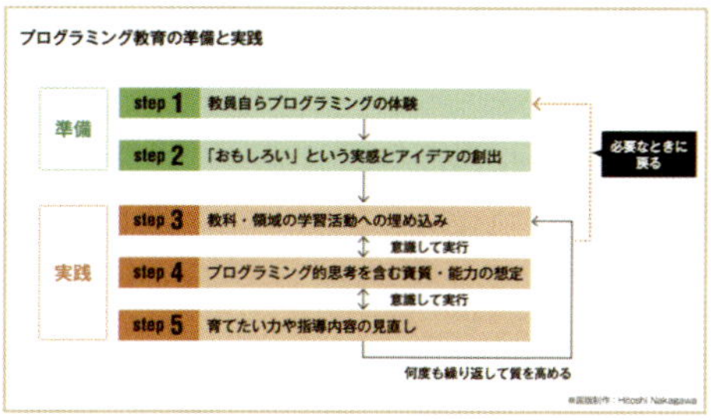

写真3 『小学校プログラミング教育導入支援ハンドブック』を活用

全体を振り返って

プログラミングを体験したことがない教員がほとんどの中で、まずは「考え方を変えてみる」ことが取り組む第一歩だと考えた。プログラミング教育必修化が不安視されている学校現場で、プログラミングは身近にあるもの・楽しいものと実感してもらうことで教員の不安感を減らし、さらにはやってみようというやる気につながっていくというねらいを持って行った。実際に研修の様子を見ても、最初は緊張した面持ちだった教員の表情も次第にほぐれ、さらにはプログラミングの体験において歓喜の声が研修室を包み込んでいた。終末部分で見通しを持てたように、プログラミング教育の目的や背景の理解だけでなく、授業に取り入れてみようとする意欲が高まったと感じた。その後、ほとんどのクラスでプログラミング教育の実践へとつながっていった。

Column

はじめよう！プログラミング教材体験ミニ研修 先生たちみんなでホップ・ステップ・ジャンプ！

村井　万寿夫　北陸学院大学

ホップ　所要時間10分

プログラミングとは、「無駄のない一連の指示の集まりを作成すること」と言えます。そこで、いつでもどこでもすぐにできるプログラミング的思考を体験してみましょう。

体験課題　**3Lバケツと5Lバケツを使って、4Lの水を測り取る手順を示してください。**

2つのバケツを使って水を汲んだり捨てたりすることを「繰り返す」ことで、やがて、5Lバケツに4Lの水を測り取ることができます。この際の手順を無駄のないように示すことが「順次」ということになります。「順次」や「反復」はプログラミングの要素につながります。「無駄のない手順」を各自で考えたら、紹介し合いましょう。

ステップ　所要時間15分

児童が遊びながらプログラミング感覚を身に付けることができるビジュアル型プログラミング言語を体験しましょう。「順次」「反復」「条件分岐」といったプログラミングの要素をGUI（Graphical User Interface）によってビジュアル的環境を提供するのがScratch（スクラッチ）です。マサチューセッツ工科大学メディアラボが開発したプログラミング言語学習環境で、インターネット上で利用することができます。

https://scratch.mit.edu/をインターネットエクスプローラのアドレスバーに入力するとScratchサイトが表示されます（図A）。左側のアイコン「作ってみよう」をクリックするとScratchのエディターが開きます（図B）。

図A　Scratchサイト（https://scratch.mit.edu/）

チュートリアルに従いながら、「コード」のブロック（プログラミングの要素）をパズル感覚で組み合わせていきましょう。プロジェクトが完成したら、「ファイル」→「コンピューターに保存する」を選択してプロジェクトを保存します。このプロジェクト作成を体験することによって、児童に体験させるアイディアが湧いてくることでしょう。

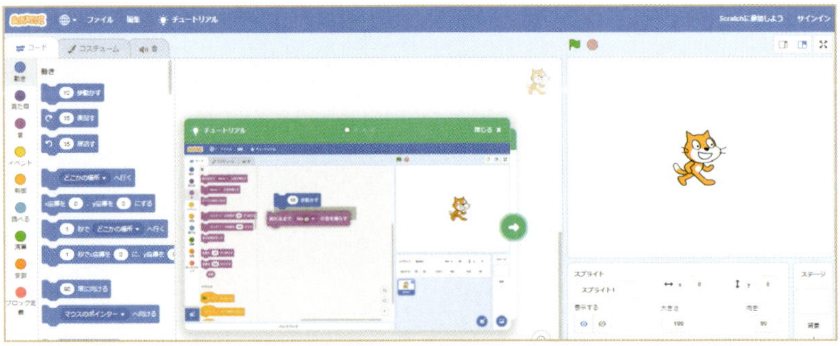

図B　Scratchのエディター

ジャンプ　所要時間20分

自分で組み立てたものが自分のプログラミングに

よって指示通りの動作を示す。そのとき、児童は歓声を上げることでしょう。まさに、プログラミング教育の醍醐味と言えます。これを簡単に実現するのが**アーテックロボ**です。これを使って教員も童心に返ってみましょう。株式会社アーテック（https://www.artec-kk.co.jp/）がScratchをベースに開発したもので、ブロックを組み立て、動作を指示するためのプログラミングを作成して実行するロボットキットです。

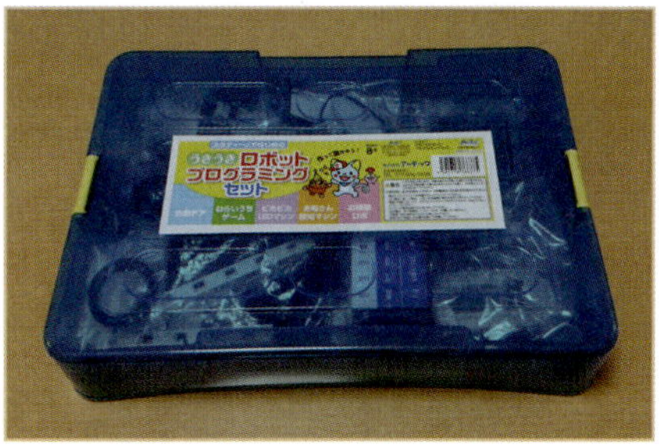

図C　スタディーノではじめるうきうきロボットプログラミング（アーテック）

それでは、プログラムを作成してロボットを動作させるための**環境構築**を教員みんなで行ってみましょう。実はアーテックロボの授業実践例は多いのですが、環境構築についての紹介は少ないのです。また、アーテック製のロボットプログラミングセット（図C）を購入してもソフトウェアは同梱されていません。そのため、サイトhttps://www.artec-kk.co.jp/studuino/ja/select2.phpからダウンロードしますが、名称が**Studuino**（スタディーノ）であることに注意しましょう。

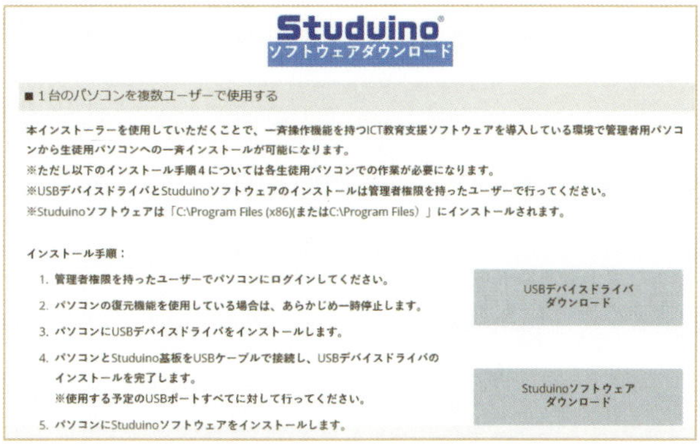

図D　Studinoダウンロード

ダウンロード時にはUSBデバイスドライバとStuduinoソフトウェアの2つをダウンロードする必要があります。ダウンロードとインストール手順は上記サイトで示されているので、それに従って進めていくと簡単に実施することができます（図D）。

USBデバイスドライバをインストールしたのち、アーテックロボキット内にある**基板本体**をUSBケーブルでパソコンに接続しましょう。

図E　基板本体とPC接続

次に、Studuinoソフトウェアをインストールします。手順通りに進んだことを基板本体のアクセスランプによって確認することができます（図E）。

これで**環境構築**は完了です。パソコンによっては自動的にソフトウェアが起動する場合があります。起動しない場合は、インストール時にデスクトップに張り付けられたアイコン をクリックすると起動します（図F）。

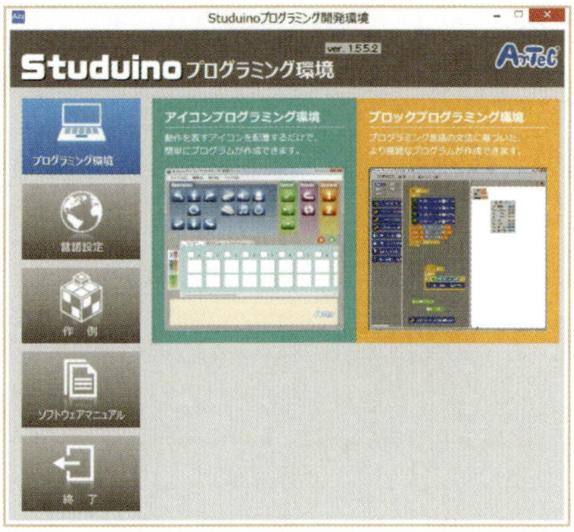

図F　プログラミング環境

ブロックプログラミング環境を選択することで基板本体に組み立てた**ロボット**を動作させることができます。
プログラミングは**Scratch**と似ているので簡単です。

プログラミング的思考の授業への落とし込み朝の生活の効率化

平井　聡一郎
情報通信総合研究所
特別研究員

時間	30分
実施主体	指導主事・小学校における情報教育担当者
対象	校内教員

準備物
- タブレット端末
- ロイロノート※などカード型のアプリ（なければ付箋でも可能）
- ホワイトボード、マーカー（3、4人で1セット）

研修の概要

教員たちから教科の授業とプログラミングの体験を関連づけることがむずかしいという声をよく聞く。そこで、教科の指導にプログラミングを落とし込む手順を体験してもらうことで、各教科等でのプログラミング体験の機会を増やすことをねらった。ここではプログラミングの前段に「洗い出し」というステップを踏んでいる。研修事例⑯のハンカチたたみの手順を考える際には、順次処理の考え方を使って一連の動作を分解して考察するが、これは教科の学習では複雑すぎるため、一連の動作を洗い出して整理する必要がある。ここでは、学校生活における朝の行動をすべて書き出し、その上で、朝からあわてないで生活するためにはどのように行動すればいいかという手順を考える活動に進んだ。

研修の流れ

時間	研修内容	留意点
活動1（10分）	**1 朝の行動の「洗い出し」を行う** (1) 3、4人のグループで、出勤してから授業に行くまでにどんなことをしているかを話し合う。 (2) ホワイトボードの真ん中に朝の行動と書き、話し合った内容を書き出していく（これを「洗い出し」と呼んでいる）。 (3) 隣のグループと情報交換し、自分たちが気づかなかった行動があれば追加する。	●グループはできるだけ、年齢、学年、役職が多様になるように構成する。 ●学校に到着してから、授業に行くために職員室を出るまでを書き出すように指示する。
活動2（10分）	**2 朝の行動の見直し** (1) 洗い出した行動から、自分にあてはまるものを、ロイロノート等のカードに記入する。 (2) 朝の行動がスムーズにできるようにするためには、どのような順番で行動したらよいかを考える。 (3) 考えた順にカードを並び変える。	●アプリ等がない場合、付箋に書き出す。 ●順番を考えるときに、なぜそうしたかを説明できるようにすることを伝える。
活動3（10分）	**3 シェアリング** (1) グループ内で1人ずつ改善された行動パターンを、なぜこのような順にしたかを理由を述べて説明する。 (2) 発表された行動パターンについて、グループ内でよかった点、修正すべき点についてのフィードバックを伝える。 (3) 発表後、フィードバックをもとに個々に行動パターンを修正する。 (4) 各グループのベスト行動パターンを選出し、全体で発表する。 (5) グループ代表の発表に対し、他のグループからのフィードバックを伝える。	●必ず行動改善の理由を説明するようにする。日常の行動を改善していなくても、なぜそのように行動しているかを説明するようにする。 ●フィードバックでは、まず行動のよい点に目を向けるようにした上で、改善策を提案する。

※　https://n.loilo.tv/ja/

研修のポイント

活動1 朝の行動の洗い出し

手順を考えたり、マニュアル作りをする場合、いきなりフローを書いたり、手順を書き出すと、思考が浅く、深く考えないことが多い。そこで、複数の思考で活動全体の構成要素を洗い出すことが重要であることを気づかせる。ここでは、年齢、役職等のバランスを考えたグループにすることで、多様な視点を持たせている。活動後の振り返りでは、この洗い出しの学習活動が、他の授業のどのような場面に生かせるかを考えてもらうことで、今後の授業改善につながると考える。

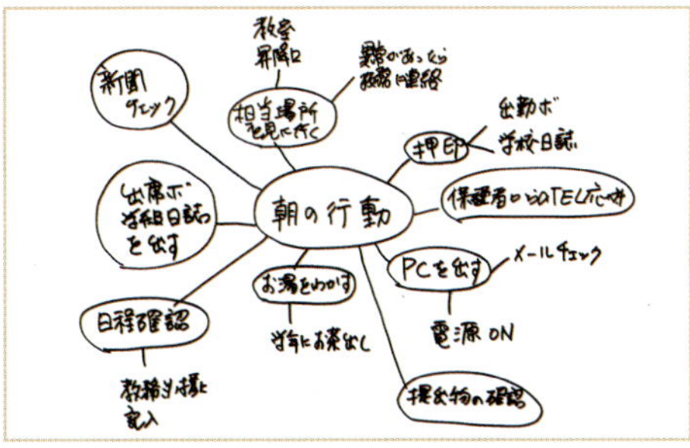

写真1 洗い出し活動後のホワイトボード

活動2 朝の行動の見直し

グループで洗い出された行動を、個人レベルに落とし込む場面である。細分化された行動から、自分に関わる行動を抜き出し、これをアプリ（ロイロノート等）のカード、なければ付箋に書き出し、朝からの行動を振り返り、効率化を考えながら並べ替える作業となる。いかに無駄をなくすかということが視点となるだろう。しかし、この作業を通して、見通しを持つということの意味に気づかせたい。児童生徒にとっても、見通しを持って行動できるということは、自分で考え、判断し、行動できるというスキルにつながる。児童生徒から「先生、次なにやるんですか？」という言葉が出るのは、自分で考える習慣がないからである。まずは教員が意識することが授業改善につながるだろう。

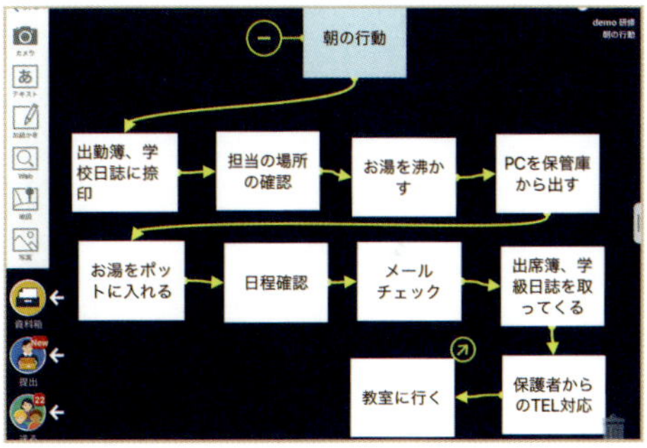

写真2 使用したアプリ（ロイロノート）の画面

活動3 シェアリング

この研修はグループワークから始まり、個人の思考に移行していく。そして、またグループそして全体の活動に戻っていく。つまり日常の授業デザインそのものであることがポイントである。ここでも自分の思考の言語化とそれに対するフィードバックが重要となる。授業はインプット→思考→アウトプット→フィードバックが基本となる。発表というアウトプットには、フィードバックが必ず必要であることを参加する教員には意識してもらいたい。

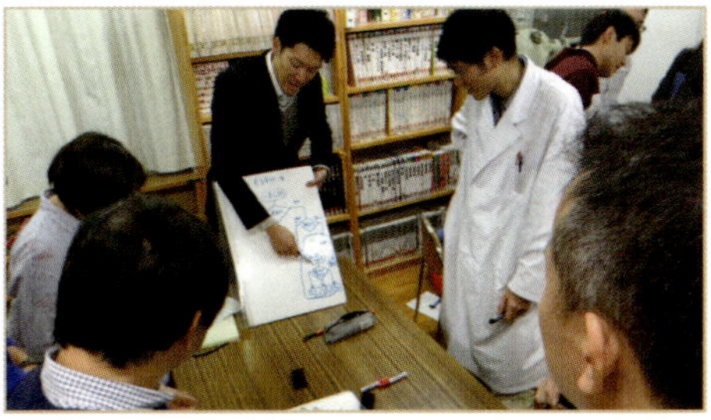
写真3 教員同士の思考のシェアリング

全体を振り返って

この研修のポイントは、「洗い出し」にある。これは、ほとんどのコンピュータを使わないプログラミングの活動に応用できる。たとえば算数での図形の分類であれば、それぞれの図形の特徴をすべて書き出し、思考ツールで分類することが考えられる。特別活動において、学級での課題を解決する場面では、現状の問題点を洗い出した後、自分たちで解決する課題、個人で解決すべき課題、教員に解決を委ねる課題に分類し、その上で議題を絞り込むという活動が考えられる。このように「洗い出し」を学びに組み込むことで、一気に深い学びが実現するわけである。実際、コンピュータを用いずに「プログラミング的思考」を育成する指導の優れた実践では、このような「洗い出し」を自然に学びに組み込んでいる。また、この研修の振り返りでは、児童が自分で考える活動を組み込んだ授業デザインを意識するようになった教員の声をよく聞く。知識伝達型の授業から脱却し、学習者主体の学びに転換するための手立てとして、このワークを活用してもらいたい。

プログラミング的思考はじめの一歩！

平井　聡一郎
情報通信総合研究所
特別研究員

時間	45分
実施主体	指導主事・小学校における情報教育担当者
対象	校内教員

準備物
- ハンカチ（2人で1枚）
- ホワイトボード、マーカー黒・赤・青（3、4人で1セット）

研修の概要

これからプログラミングに取り組む学校においては、指導に当たる教員にプログラミングの経験、指導に対するリテラシーがほとんどないという状況がある。そんな教員にとっては、プログラミングとはなにかというイメージを持たせ、プログラミングへの抵抗感を軽減することが必要である。そこで、本研修はハンカチをたたむという身近なものを使った操作活動と、グループで清掃の手順を考えるという思考とコミュニケーションの活動を通して、短時間で段階的にプログラミングのイメージ化を図ることを目的とした。学校全体の取り組みの切り口となることを期待している。

研修の流れ

時間	研修内容	留意点
活動1（15分）	**1 ハンカチたたみの手順を考えて、プログラミングの順次処理の考え方を体験する。** (1) 2人組みになる。1人がハンカチを出し、自分の机の前に広げる。 (2) ハンカチを広げた人をハンカチたたみロボットに、もう1人をプログラマーに任命する。 (3) プログラマーはロボットに言葉だけで、ハンカチをポケットの中にしまえるサイズにたたむように命令する。 (4) 2人で自分たちの活動を振り返る（シェアリング）。	● ハンカチを出した教員には、手をあげてハンカチを振らせて確認する。 ● 言葉だけで指示すること ● 1回に1つの指示にすること ● ロボットは言われたことしかできないことを確認する。
活動2-1（10分）	**2 教室掃除マニュアルを作成する。** (1) 各グループ（3～4人）で小6児童が、小1児童に教室掃除の手順を教えるためのマニュアルを作ることを伝える。 (2) ホワイトボードに小1児童が理解できるように箇条書きで書くことを伝える。 (3) グループのメンバーで感想をシェアリングする。	● 小1児童が理解できる言い方、かつ具体的に指示すること ● どんな指示がわかりにくいかなどの感想をシェアさせる。 ● 8以上の指示を書くようにする。
活動2-2（20分）	**3 教室掃除マニュアルを手直しする。** (1) 作成したマニュアルを隣のグループに手渡す。 (2) 渡されたボードに書かれたマニュアルの修正すべき点を5分間で赤いマーカーで修正する。 (3) さらに次のグループに手渡し、3分間で青いマーカーで修正する。 (4) 自分たちが作成したマニュアルを点検し、どこが修正されたかを確認し、感想をグループで話し合う。 (5) 全体で感想をシェアリングする。	● 修正のポイントは小1児童に伝わる指示であるかを確認する。 ・「ほうきはどこから持っていきた？」など ● 指示の間違いはプログラミングでいえばバグであり、それを探して直すことをデバッグということを伝える。

研修のポイント

活動1 順次処理の考え方を体験

プログラミングの経験のない教員にとって、その入り口はとても重要である。ここで成功体験することが、その後、それぞれの学校におけるプログラミング導入を左右すると言える。そこで、はじめてのプログラミングのハードルを思い切って下げることが重要である。ここでは、「ハンカチをたたむ」という一連の動作を「分解」し、それを具体的で明確な指示に「抽象化」した上で、「手順で並べる」というプログラミングの手法（順次）で処理させることを体験する。動作を抽象化し、言語化することの難しさを実感するとともに、他人に自分の意思、考えを伝えるためには、プログラミング的な考えが役に立つことを実感させたい。

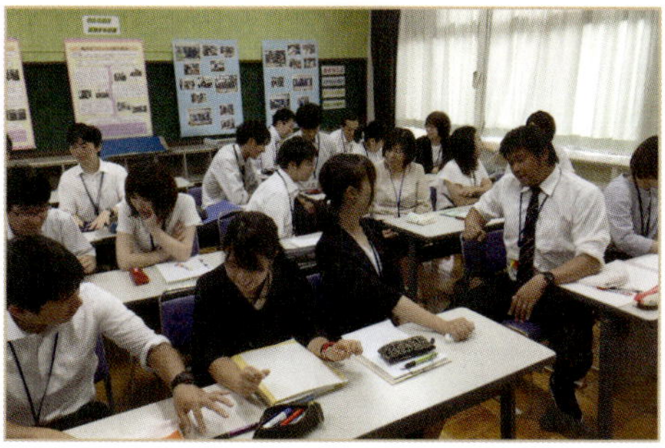

写真1 ハンカチをたたむ手順を考え伝えている

活動2-1 教室掃除マニュアルの作成

ここでは、プログラミング的思考を教科指導へ落とし込む手順を理解させたい。教室掃除の改善という特別活動の内容を、「教室掃除マニュアル」という活動に落とし込む手順を考えるというプログラミング的な思考が他の教科にも応用できると実感させることがねらいである。ここでのポイントは、小学1年生にもわかるような指示にするということである。どこまで分解するか、どこまで抽象化するかを考えるという言語活動を通して、思考を伴う言語化の重要性を自然に理解できる活動になっている。

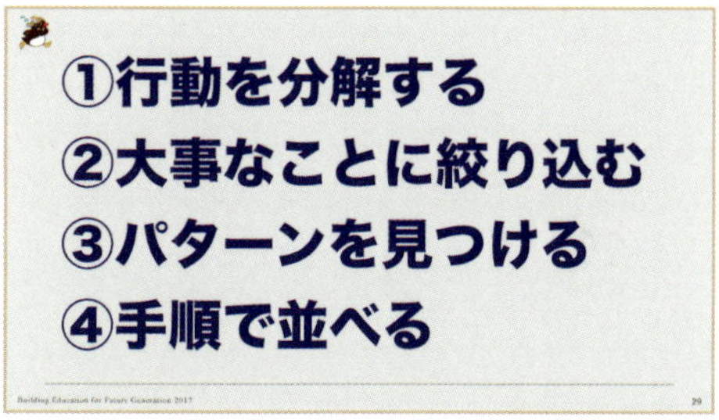

写真2 教室掃除マニュアルを作成するためのポイント

活動2-2 教室掃除マニュアルの手直し

活動2-1は、本研修の序章であり、重要なのは2-2の活動となる。2-1で手順を考えた後に、他のグループの考えた手順を手直しすることで、新たな視点が生まれる。いわば学びが深くなるのである。その真骨頂は手直しされた自分たちのマニュアルを見た瞬間にある。自分たちが作ったマニュアルを別な視点で見ると、さまざまなミスに気づく。しかし、自分たちも他のグループの手直しをしているから、他のグループかの手直しの視点を納得して受け入れられるのである。他人に指摘されること、他人を指摘してあげることの良さを実感することができたようであった。

写真3 ホワイトボードを使った研修風景

全体を振り返って

この研修プログラムは、児童、教員を対象に数十回実施しているが、その都度、新しい発見がある。しかし、毎回共通しているのは、ハンカチたたみにおける言語化の難しさの気づきと、教室掃除での学び合いによる発見である。人は「ハンカチをたたんで」という一言で行動できる、しかしロボットに命令するとなると、行動を細分化し、表現をしなくてはならない。この体験は言語化という重要な学びを教員が実感することにつながった。また、教室掃除マニュアルで、自分たちのマニュアルが手元に戻ってきたときの教員たちの表情は毎回見ていて興味深い。それは学びの深まりを実感した表情だからである。自らがプログラミング的な思考を通した深い学びを体験し、その良さを実感したことで、次のステップである授業改善につながると期待している。

プログラミング的思考ってなに？

清水 匠
茨城大学教育学部附属小学校
教諭（研究主任・副教務）

時間	45分
実施主体	情報教育担当
対象	校内教員

準備物
- リンダ・リウカス『ルビィのぼうけん　こんにちは！プログラミング』翔泳社（2016）※1
- 小林祐紀、兼宗進、白井詩沙香、臼井英成 編著『これで大丈夫！ 小学校プログラミングの授業　3＋αの授業パターンを意識する［授業実践39］』翔泳社（2018）※2
- 各自が担当している教科の教科書等

研修の概要

プログラミング教育で育成する思考力・判断力・表現力等として、プログラミング的思考があげられているが、具体的にどのような考え方なのかはわかりづらい。そこで、プログラミング教育の要であるプログラミング的思考を、具体の形で理解することを目的に、研修を設定した。その際、リンダ・リウカス『ルビィのぼうけん』を活用した。参加者は、ゲーム形式の課題にチャレンジしながら、プログラミング的思考を実体験することができた。最後に研修のまとめとして、各自の担当教科の単元に含まれているプログラミング的思考を探し出す活動を行った。「わり算の単元では、順次の考え方が使えそうだ」などと、実際の授業の姿をイメージすることができた。

研修の流れ

時間	研修内容	留意点
導入 （5分）	**1 プログラミング教育に対するイメージを共有する。** （1）○×クイズを行う。 ●コーディングしている写真は× （2）不安だと思うポイントを話し合う。 ●プログラミングの経験がないのが不安 ●教科の中で、なにを教えればよいのかわからない	●ビジュアル型プログラミング言語／ロボット教材の利用場面、コンピュータを用いずに「プログラミング的思考」を育成する指導の様子など、さまざまな写真を提示し、今までのプログラミング教育へのイメージを払拭してから、本研修に入れるようにする。 ●研修のはじめに不安点を共有することで、目的意識を明確にしていく。
活動1 （10分）	**2 プログラミング教育の動向と全体像を理解する。** ●プログラミング教育必修化の経緯と目的 ●教科の学習を深めるために実施することが大切	●文部科学省「小学校プログラミング教育の手引」をもとに、実施の目的や枠組みを解説し、概略を捉えることができるようにする。
活動2 （15分）	**3 プログラミング的思考とはなにか、理解する。** （1）ゲーム体験からプログラミング的思考を捉える。 ●順次、反復、分岐などがある （2）実践事例から学ぶ。	●リンダ・リウカス『ルビィのぼうけん』のアクティビティを参考に、ゲーム的な活動を通して、プログラミング的思考を実体験できるように工夫する。
終末 （15分）	**4 研修のまとめを行う。** （1）自分の担当教科の単元から、プログラミング的思考を探し出す。 ●第2学年算数科では、計算の手順が使える ●特別支援教育でも、順次処理の考え方は大切だ （2）本研修の学びをまとめる。 ●プログラミング的思考がなにか、わかった	●プログラミング的思考を捉えた上で、実際に自分の授業に置き換えて、教員同士で案を出し合う時間を設定することで、本研修での学びを活用して、実際の授業をデザインするきっかけとする。 ●はじめの不安がどのくらい解消されたか問いながら、本研修の成果を確認していく。

※1 https://www.shoeisha.co.jp/book/rubynobouken/
※2 https://www.shoeisha.co.jp/book/detail/9784798156408

研修のポイント

導入　プログラミング教育への先入観を○×クイズで払拭する

多くの教員は、プログラミング教育と聞くと、パソコンに向き合ってキーボードで英字を打ち込むコーディングの活動をイメージしてしまう。この間違ったイメージを払拭するため、提示する写真がプログラミング教育の授業かどうか答える○×クイズを、研修のはじめに行った。ここでは、①タブレット上でキャラクターを動かしている写真、②ロボットを動かしている写真、③教科書を見ながらワークシートを書いている写真、④キーボードで英字を打っている写真を提示した。①～③が○、④が×であることを伝えると、驚きのあまり会場がざわついた。

写真1　○×クイズで提示した③の授業写真（コンピュータを用いずに「プログラミング的思考」を育成する指導）

活動2　プログラミング的思考をゲームで実体験する

プログラミングを幼児向けに説明する『ルビィのぼうけん』という絵本がある。ここには、プログラミング的思考を楽しみながら体験できる、22のアクティビティが用意されている。たとえば、お風呂に入りたい主人公ルビィが、お風呂をいれるためにした工程の間違いを見つけ、順序よく並べるゲームなどがある。本研修では、これらを参考に考えたゲームを実際に体験することで、代表的なプログラミング的思考「順次：1つずつ順番に処理を行う」「反復：繰り返し処理を行う」「条件分岐：条件により処理が変化する」の具体的な意味を捉えた。

写真2　歯磨きの順序を考えて、短冊に書き出し、全体に発表する教員

終末　自分の担当教科からプログラミング的思考を抽出する

一番大切なのは、学んだことを生かして、実際に授業に取り組んでみることだと考えた。そこで、自分が担当している教科の教科書等から、「順次」「反復」などのプログラミング的思考が活用できそうな場面を探す時間を設定した。その際、学年や専門教科など、学校の実態に応じたグループになり、互いに相談しながら気楽な気持ちで考えられる雰囲気づくりを行った。「順次」「反復」などの視点を明確にもって教科書を探すと、意外とたくさんの場面が見つけ出され、プログラミング教育の授業に取り組んでみようと思うきっかけとすることができた。

写真3　自分の担当する教科から、プログラミング的思考が活用できる場面を探す

全体を振り返って

研修時間が終わっても、自分の教科で使えそうな場面を探して仲間と語り合い続ける教員の姿があった。一度理解してしまえば、「できそうだな」「やってみたい」と火がつき、楽しみながら授業を考えていくのが教員という職だと、あらためて感じさせられた。特に本研修では、プログラミング教育の要である、プログラミング的思考がどのようなものなのかを体験的に捉え、それを活用した実践事例で実際の姿を理解し、自分の教科に置き換えて活用するという展開を大切にした。そのため、プログラミング教育の教材研究をする際の視点が参加者の中に生まれ、スムーズに授業づくりにつなげることができたのではないだろうか。まずは、教員自身がプログラミング教育を体験し、そのハードルを下げることの重要性に気づかされた。

年間指導計画作成は全校体制で！

完田　八郎
鳥取大学附属小学校
教諭（情報教育担当）

時間	90分
実施主体	情報教育担当
対象	校内教員

準備物
- リンダ・リウカス『ルビィのぼうけん　こんにちは！プログラミング』翔泳社（2016）※
- プログラミング教材：プログラミン、Scratch、micro:bit
- パソコン（Windows）
- 年間指導計画の見本
- 学年別題材配当表（プログラミング教育の内容を例示したもの）

研修の概要

全校体制でプログラミング教育に取り組むためには、それを支える明確なプランが必要である。そこで研修の目的を教員全員で年間指導計画の作成をすることと定めた。研修では見本となる年間指導計画のひな型を提示し、プログラミング的思考の参考例『ルビィのぼうけん』や学年別題材配当表などを参考にして、実施できそうな教科の単元を絞り、無理のない年間計画を立てていった。計画は「知る」→「学ぶ」→「活かす」の3段階を明確にして、プログラミング的思考を育成し、プログラミング体験につなげていく一連の流れを基本とする。できるだけ短時間で作成することも配慮した。

研修の流れ

時間	研修内容	留意点
導入 （10分）	**1 プログラミング教育の年間指導計画を作成する意義や方法を理解する。** (1) 年間指導計画作成の目的 (2) 作成方法の確認	● 年間指導計画を作成することで、プログラミング教育がめざす小学校6年間で児童が身につけるべき力を明確にし、プログラミング教育が実施できることを確認する。
活動1 （10分）	**2 年間指導計画の見本を見て、形式を確認する。**	● 基本的な形式として1年間を「知る」→「学ぶ」→「活かす」の3段階で構成することを確認する。
活動2 （20分）	**3 教材を使ってプログラミングを体験し、各学年で児童に身につけさせるべきプログラミング的思考のゴールのイメージを明確にする。**	●「活かす」で扱うプログラミング教材は、学年の系統性を考慮して情報教育担当が提案する。
活動3 （30分）	**4 参考資料をもとに、段階的に指導内容を決定していく。** (1)『ルビィのぼうけん』を参考にして、「知る」段階の内容を学年に合わせて絞り込む。 (2) 題材配当表を参考にして、「学ぶ」段階の内容を学年に合わせて絞り込む。	●「知る」段階の学習内容は、「順次」「条件分岐」「デバッグ」「抽象化」などプログラミング的思考の基礎になるので、段階的に内容を増やしていき、同じ内容でも学年を越えて繰り返し行っていくことが必要であることを確認する。 ●「学ぶ」段階での内容は、できるだけ違う教科・領域で実施するように提案する。
終末 （20分）	**5 小学校6年間を見通した系統性のある指導計画になるように修正を行い、全員で共有する。**	● 年間指導計画は年度末に振り返りをして、児童の実態やプログラミング教材に合わせて、修正を加えていくことを確認する。

※　https://www.shoeisha.co.jp/book/rubynobouken/

研修のポイント

活動1　年間指導計画の形式を具体的に例示する

プログラミング教育の年間指導計画を作成する上で、1年間を3つの時期に分けて考えるように設定した。はじめの「知る」段階では、『ルビィのぼうけん』のアクティビティを活用して、プログラムやプログラミング的思考の基本的な考え方を児童は理解していく。次に「学ぶ」段階では、各教科・領域でプログラミング的思考を活用しながら学習を進めていく。最後の「活かす」段階でビジュアルプログラミング、フィジカルプログラミングといったプログラミング体験へとつなげていく。この一連の流れを小学校の6年間で繰り返すことで、プログラミング教育のねらいが達成される。この考え方をもとにした年間指導計画のフォーマットに合わせて、各担任が内容を当てはめていくという活動を行った。

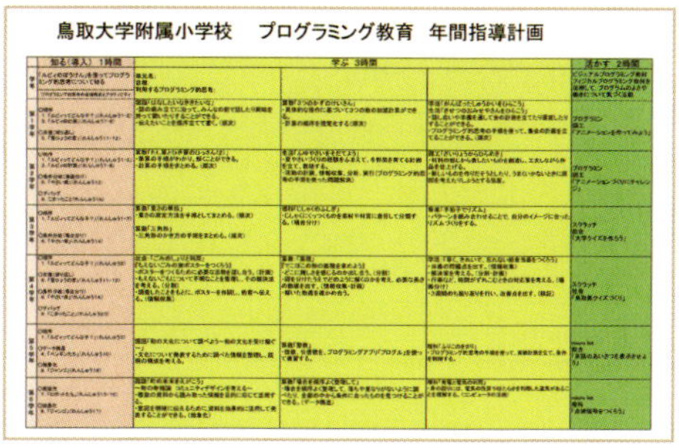

写真1　プログラミング教育年間指導計画

活動2　教員がプログラミング教材を体験する

「活かす」段階で児童が使用する教材については、年間のゴールのイメージを教員が持っておく必要がある。そこで年間指導計画に書き込んでいく前に体験する時間を設定した。本校では低学年「プログラミン」、中学年「Scratch」、高学年「micro:bit」の操作研修を行った。「活かす」段階の授業をどの教科・領域で、どのようなねらいで学習していくのかを含めて考えてもらい「活かす」段階の授業プランの概要を絞り込んでいった。

写真2　プログラミングを体験する教員

活動3　内容を選択し、教員がアレンジしていく

「知る」段階の内容については、『ルビィのぼうけん』にあるいくつかのプログラミングに関連する思考方法の中から、各学年の学習に活用できるものを選択した。授業は選択した内容のアクティビティを中心に教員がアレンジする。「学ぶ」段階の内容については、準備した学年別題材配当表（プログラミング教育の内容を例示したもの）の中から、各学年の担任教員が年間で3時間程度選択するようにした。選択した授業は各担任がアレンジを加えて、授業プランの概要を書き込んでいくという形式で進めていった。

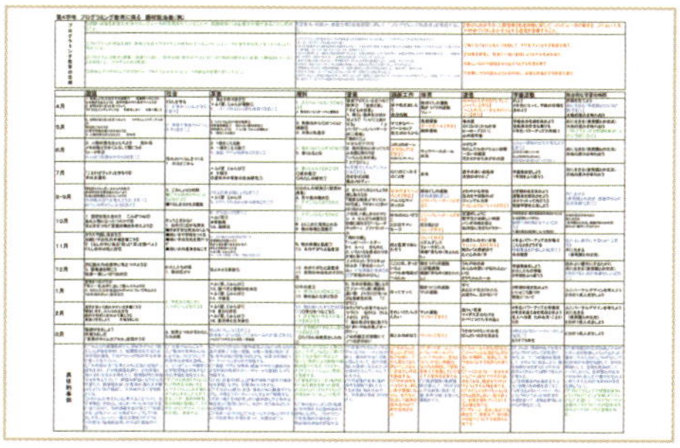
写真3　「学ぶ」で使用した学年別題材配当表

全体を振り返って

プログラミング教育の年間指導計画の作成については全教員がはじめての経験になるので、見通しを持って行うために、ある程度の形式や内容を準備しておく必要があると感じた。研修の時間が終わっても、プログラミング教材を使って、授業のプランを熱心に考えている教員の姿も見られた。年間指導計画を立てることで、自分がプログラミング教育の授業を行うというモチベーションがさらに高まっていることを感じた。プログラミング教育の授業方法や教材は、今後もさらに変容していくことが予想できるので、年度末には教員全体で年間指導計画の振り返りをし、見直しを行って、常に改善していく意識を高めていきたいと考えている。

プログラミング的思考を細分化して捉えよう

福田 晃
金沢大学附属小学校
教諭（情報教育担当）

時間	70分
実施主体	情報教育担当
対象	校内教員

準備物
- プログラミング教材：PETS（10台）、Tynker
- タブレット端末（iPad5台、Tynkerインストール済み）
- 所属教科部会の全学年の教科書
- 本校年間カリキュラム

研修の概要

文部科学省「小学校プログラミング教育の手引」では、プログラミング教育のねらいの1つに「プログラミング的思考」を育むことが位置付けられている。そこで、本校ではComputational Thinking（計算論的思考）の考え方をもとにプログラミング的思考を「順次・反復・条件分岐・分解・抽象化」といった5つの要素に細分化し、PETSやTynkerの活用を通してそれらを理解することを目的とした研修の場を設定した。研修の終末部分では、所属する教科部会のメンバーで集まり、どの単元にどのようなプログラミング的思考の要素があるかを探ることを行った。なお、本校における小学校プログラミング教育に関する研修は、今回が2回目であり、1回目においてプログラミング教育を実施する背景やねらい、プログラミング的思考について等の基本的事項を取り上げている。

研修の流れ

時間	研修内容	留意点
導入 (10分)	**1 プログラミング的思考を細分化した要素を示す。** (1) 前回の研修で提示した5つの要素を確認する。 (2) 校内教員による事例発表をする。	●本校ではイギリスのComputational Thinkingをもとにプログラミング的思考を「順次・反復・条件分岐・分解・抽象化」の5つの要素に細分化している。
活動1 (20分)	**2 PETSを活用し、細分化した要素を具体的に捉える。** ●ゴールに向かうためにどんな動きが必要で（分解）、どのように組み合わせることが必要か――順次・反復・条件分岐――を考える（抽象化）。	●単にPETSを動かすことで終わるのではなく、それぞれのステージをクリアする際にどんな思考のプロセスがあるかを意識させる。
活動2 (20分)	**3 Tynkerを活用し、細分化した要素を具体的に捉える。** ●ステージをクリアするためにどんな動きが必要で（分解）、どのように組み合わせることが必要か――順次・反復・条件分岐――を考える（抽象化）。	●プログラミングは面白いものだと印象を持たせるため、さまざまなステージに挑戦し、同僚とともにクリアしていくことの喜びを見い出させる。
終末 (20分)	**4 各教科部会でプログラミング的思考について考える。** (1) 前回の研修で洗い出したものを見直す。 (2) 次年度のカリキュラム上に特筆すべき単元とその内容を書き出す。	●次年度のカリキュラムに位置付けるために、各教科のどこにプログラミング的思考が位置付いているかを考える。 ●十分に議論をすることができないため、後日教科部会で話し合うことを依頼する。

研修のポイント

活動1-① プログラミング的思考を具体的に捉えることに適したPETS

さまざまなプログラミング教材があるが、プログラミング的思考を細分化した要素を捉えるのに一番適していると判断したため、ここではPETSを活用した。この教材は、本体と行動の命令を出すブロック、スタート、ゴールが書かれたマス目のシートのみで手軽に動作することができる。スタートからゴールまでをどのように進めればよいかを考えていく。なお、3人に1台の環境を構築していたため、ゴールに至るまでどのようなプログラムを組むことが必要かについてメンバー間で頭を突き合わせながら考えた。

写真1　プログラミング教材PETS

活動1-② PETSを活用し、プログラミング的思考を具体的に捉える

写真2のステージを攻略するには、「↑・↱（右回転）・↑・↑」というプログラムを組むことが必要となる。本研修では、単にプログラムを組んで終わるのではなく、そのプログラムを組むにあたってどんなプログラミング的思考があったかを話し合う場を確保した。実際に、「ゴールまで到達することを意図した動きとすると、それまでの道筋を分解して組み合わせて考えていくのが、分解や順次にあたるのか」ということを全体で確認することができた。

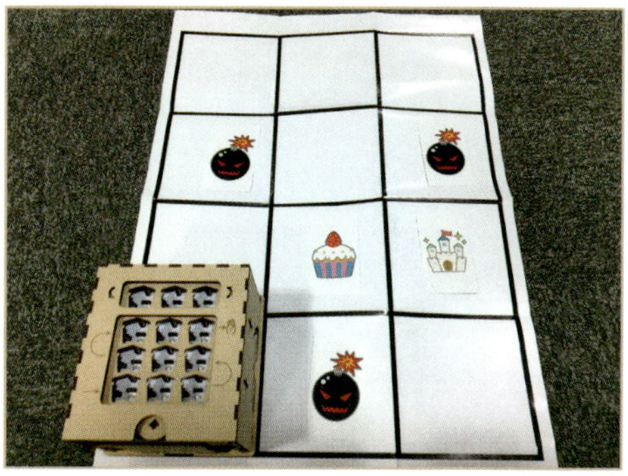
写真2　ゴールまでの動きを考える

終末 次年度カリキュラム内にプログラミング的思考を位置付ける

本校では次年度の各教科のカリキュラムの中にプログラミング的思考のどの要素が位置付くかということを単元レベルで記述することになっている。研修の最後には、プログラミング体験を通して得た具体的イメージをもとにして、プログラミング的思考を単元レベルで洗い出す場を設けた。研修前よりもイメージが広がったこともあり、単元レベルではなく領域によって特性が見えてきたという見解に至った教科部会も見られた。

写真3　プログラミング的思考を単元レベルで洗い出す

全体を振り返って

プログラミング的思考についてイメージを持っていなかった参加者も体験を通し、具体的なイメージを持つことにつながったと考えている。また、参加者の振り返りには、「プログラミングについては、まだ十分にわかったわけではないが、まずは今回の研修と同じように同僚と楽しみながらみんなで考えていきたい。それがこれからの授業につながっていくのではないか」という意見が見られた。まさに、この振り返りが、プログラミング教育という未開の分野を我々教員が切り開いていくために必要なことではないだろうか。

全員参加の模擬授業で授業改善！

仲見川　康隆
茨城県古河市立大和田小学校
教諭（研究主任）

時間	45分
実施主体	研究主任
対象	校内教員

準備物
- 大型提示装置
- タブレット端末
- プログラミング教材：教育版レゴ マインドストームEV3
- 文部科学省「小学校プログラミング教育の手引」※、実施する教科の教科書等

研修の概要

校内で研究を進めていくためには、教員間の意識や学年やクラス間での取り組み状況の足並みをそろえなくてはならない。しかし、プログラミング教育の授業に関しては、導入する学年や教科の判断は学校現場に委ねられ、先行事例もまだ不足している状況である。実施する上では、授業の計画立案から改善まで担当教員がアイディアを練らなくてはならない現状から、大きな不安感や負担感を感じている教員もいる。そこで、校内教員による模擬授業を実施し、効果的なプログラミングの活用場面や支援の在り方について協議することで、授業を全員で作り上げる意識を高め、一人一人の不安感や負担感を減らせるようにした。

研修の流れ

時間	研修内容	留意点
導入（5分）	**1 学習活動としてプログラミングを取り入れるポイントについて確認し合う。** ●教科、単元、指導計画 ●プログラミング的思考を育成するための手立てや工夫点の説明	●「プログラミング教育の手引（第二版）」をもとに、プログラミング教育で育む資質や能力について確認する。 ●研修のはじめに、プログラミング教育を取り入れた意図や、授業を改善させるための視点を確認し、共通理解した上で参加できるようにする。
活動1（20分）	**2 教員による模擬授業を実施する。** ●授業担当者による模擬授業を実施する。 ●他の教員は児童役として授業に参加する。	●授業者は、実際の授業をイメージして模擬授業を展開する。 ●他の教員は、予想される児童の反応を想定して活動する。 ●授業者の発問が児童の思考を促しているか、思考を可視化させるための手立ては効果的かを記録しておく。
活動2（15分）	**3 模擬授業の改善点について話し合う。** ●授業展開 ●教員の発問 ●教員の支援 ●準備物（ワークシート、使用アプリ・教材）	●各教科のねらいを効果的に達成させるための手段になるようにする。 ●育成するプログラミング的思考について明確にする。
終末（5分）	**4 研修のまとめを行う。** ●改善点について確認し合う。	●授業実施後にも研修の時間を確保し、今後のプログラミング教育の授業の改善を図る。

※ http://www.mext.go.jp/a_menu/shotou/zyouhou/detail/1403162.htm

研修のポイント

導入　学習活動としてプログラミングを取り入れるポイントの確認

まずは、手引を参考にプログラミング教育で育む資質や能力について確認してから、本時のどの場面でプログラミングを取り入れるのかを確認し合った。授業者が、教科のねらいを達成するための手段としてプログラミングを取り入れた意図を説明することで、授業改善に向けた視点のポイントを明確にすることができた。また、評価規準の設定の説明により、児童の実態と目指す姿の方向性を話し合うことができた。

写真1　授業者によるプログラミングを取り入れた意図の説明

活動1　授業組み立て者による模擬授業の実施

授業者は、実際に授業をする前に模擬授業を実施することで、発問の仕方やタイミング、授業展開、板書等について確認することができた。参加している教員は児童役となり、予想される活動を想定して活動し、プログラミングの活動にも取り組んだ。準備物や児童に支援が必要な場面の確認だけでなく、授業展開のそれぞれの場面ごとの改善点についても気付くことができた。

写真2　教員全員が参加するプログラミングの模擬授業

活動2　模擬授業の改善点について話し合い

話し合いでは、単元全体を通しての学習内容から、児童に身に付けさせたい力を明らかにした。そして、授業の中で、プログラミング教育が各教科のねらいを効果的に達成させるための手段になるように、改善点について話し合った。児童への発問の仕方や、児童の思考を可視化するためのワークシートの形式についても相談し合った。多くの視点で一つの授業を考えることで、より良い改善につなげることができた。また、育成するプログラミング的思考について明確にし、評価規準が児童の実態を踏まえて適切に設定されているか確認することもできた。

写真3　模擬授業後に検討会を行い、授業の改善点について話し合う教員

全体を振り返って

プログラミング教育については、不安感が大きい教員もいた。しかし、模擬授業や授業の検討会を教員全員で取り組み、教員の連帯感を高めつつ導入することで、一人一人の負担感を和らげることができた。また、「この教科のこの場面では効果的ではないか」「プログラミングありきの授業になっていないか」などと、プログラミング教育の授業の在り方についてのイメージを共有することもできた。多くの視点で授業を作り上げたことで、授業改善についてもいろいろな意見が出てきたことはもちろん、一人一人がプログラミング教育に取り組もうとする意識の向上につながった。これらのことから、模擬授業を実施することの意義は大きいと感じている教員が多い。今後も全員で足並みをそろえてプログラミング教育に取り組んでいけるような体制を整えていきたい。

Column

授業づくりのための ワークショップ型研修の進め方

佐藤　幸江　金沢星稜大学

教師には、その専門性を高めるための研究・研修が義務付けられています。また、社会の変化や要請に応じた教育を模索し、また、教育者の使命として、児童によりよい教育を提供していくために行うものだとされています。新学習指導要領の全面実施に向けて、教育内容の変化 “1に外国語教育、2に特別の教科道徳、3・4がなくて5にプログラミング教育と言われている” について、マスコミが話題を振りまく一方で、これらに関する研修が大事だとは言われていますが、多忙化が問題視される中で必要感を持った研修が、どのくらい実施されているでしょうか。

ここでは、ワークショップ型研修を「参加者全員が共通の課題に取り組み、相互作用や双方向性を通じて学びや成果を生み出すという体験的な取り組み」※1 と捉えてみます。プログラミング教育を授業に取り入れるときに、学習環境や準備、授業の目標や展開などを大きく考え直さなければいけません。いくら児童のためとはいえ、このようなことを「させられる」のであれば、嫌になるのは当然です。けれども、自分たちでそれらを工夫しながら少しずつ授業改善していこうとするものであれば、積極的に取り組めるようになるでしょう。以下では、授業づくりのためのワークショップ型研修を2つのモデルとして解説します。

2つの研修モデルにおける事前準備のポイント

1 指導案検討研修

「①コンピュータを用いずに『プログラミング的思考』を育成する指導」「②ビジュアル型プログラミング言語を用いたプログラミングの授業」「③ロボット教材を用いたプログラミングの授業」について、事前に用意した“問題点のある”指導案を提示し、学習のねらいと学習活動が合っているか等を検討することを目的とします。ここでいう「問題点のある」とは、教科・領域のねらいと乖離している、教科学習にもかかわらずプログラミングに力点が置かれすぎている等を指します。

2 指導案改善研修

1 の研修で検討を加えた指導案を、改善することを目的とします。すべてのグループが同じ指導案を用いるか、異なる指導案（たとえば、教科ごと等）にするかは、研修会の規模に応じて用意しておきたいところです。また、考えを書き込みながら検討ができるように、ホワイトボード等を用意しておくとよいでしょう。

短時間の研修であれば 1 から順に、本日は 1 、別日で 2 と分けて実施することが想定されます。長い時間が確保できそうであれば、1 と 2 を続けて実施することが望ましいでしょう。以下では、各30分ずつの研修として展開例を示します。

※1　村川雅弘『ワークショップ型研修の手引き』ジャストシステム（2005）、p.34

授業づくりのためのワークショップ型研修の展開例

時間	1 指導案検討モデル	2 指導案改善モデル
導入（5分）	**1 講師から研修目的を解説する。** 指導案の実践を行うと想定し、学習環境の確認と学習目標の検討（図中☆か、どちらかに寄っているかを検討する）が研修目的であると説明する。 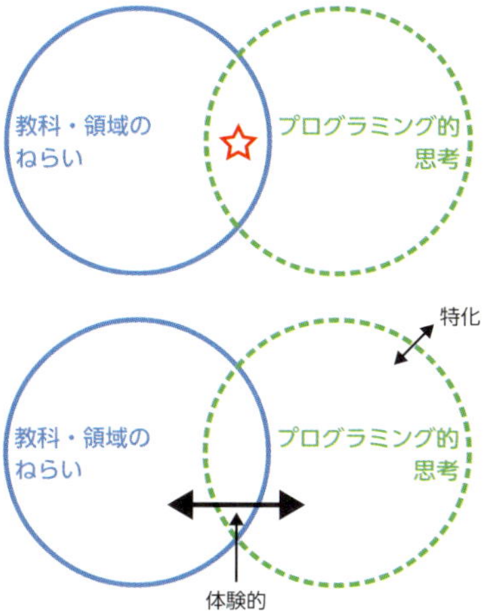 ※作図：中川一史（2018）	**1 講師から研修目的を解説する。** 「☆」をねらう授業にするために、指導案をどのように改善すればよいかを考えることが研修目的であると説明する。改善の視点の例（以下）を示す。 ● 活動の時間は十分か、本時以外に必要か ● 使用する教材（ビジュアル型プログラミング言語やロボット教材）の問題か ● 学習課題はこのままでよいか
展開（20分）	**2 個人で検討した後それぞれの考えを表明する。** (1) 指導案をもとに自分の考えを持つ。 (2)「☆」か、あるいはどちらかに寄っているかを表明する。 **3 意見を交流させ全体で検討する。** 「☆」か、あるいはどちらかに寄っていると考えた根拠を出し合う。	**2 グループで意見を出し合い改善する。** 改善の視点を決め、ホワイトボードを使って考えたことを可視化する。 **3 グループの考えを発表する。** グループの数が少なければ、その場で発表してもらう。多ければ、ワールドカフェ方式※2で、他のグループの考えを聞きに行くようにする。
終末（5分）	**4 講師からの解説** はじめから「☆」をねらうことはかなり難しい。プログラミング的思考に特化する1時間を設けたり、体験する場を保証したりすることも想定しなければならない。つまり、1時間ではなく、単元を通して授業づくりをしていくことが必要となる。	**4 講師からの解説** 教員もプログラミングを体験し、楽しむインターバルも大切しつつ、どのように授業づくりをしていくか、今後も検討していくことが重要である。 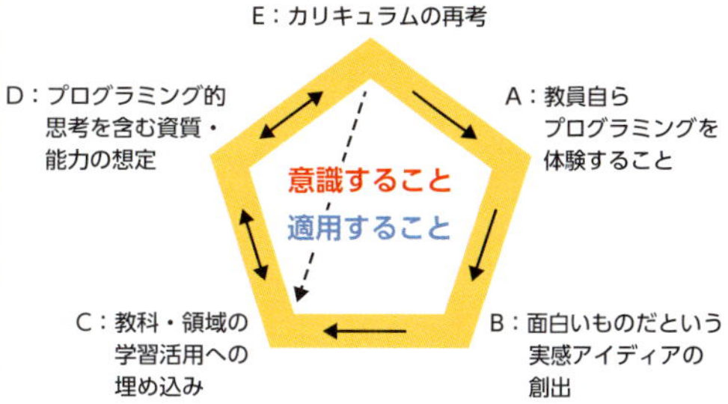 ※作図：中川一史（2018）

※2　少人数のグループによる話し合いの技法、ファシリテーションの技法の一つ。メンバーを入れ替えて話し合いを継続することが特徴。

Swift Playgroundsでどんな学びができるのだろう～英語4技能の習得と、小学校プログラミング教育との接点を探る

広瀬 一弥
京都府亀岡市立東別院小学校
教諭（研究主任・情報教育主任）

時間	30分
実施主体	研究主任（情報教育主任）
対象	校内教員

準備物
- 画用紙
- マーカーペン
- プログラミング教材：Swift Playgrounds
- タブレット端末（iPad）

研修の概要

iPadが20台程度導入され、学習者や指導者の活用が進みつつある学校で、希望者を募って放課後に行うミニ研修である。今回はSwift Playgroundsを取り上げ、あれこれ試しながら使ってみる中で、どのような活用例があるか参加者同士でディスカッションをして考えていった。打ち込むコードが英単語の組み合わせであることや、英語で命令をしてキャラクターを動かすことなどに着目して、英語学習・外国語活動の学習とつなげることができないか議論することを目的に進めた。途中、簡単な教材を作ったり模擬授業をしたりと、実際の学習を想定した体験活動を取り入れた展開となった。

研修の流れ

時間	研修内容	留意点
活動1（10分）	**1 Swift Playgrounds（以下、アプリ）を自由に触って、プログラミング体験をする。** ●コース「コードを学ぼう1」で、課題を順に解いていく。	●プログラミングの概念を説明するオープニングムービーは、2人1組で視聴して、感じたことを共有する。 ●思ったことや感じたことを発言しながら操作をするようにし、お互い感じたことを共有することに重きを置く。
ディスカッション（10分）	**2 担当している学年で具体的にどのようにこのアプリを使っていけるか意見を出し合う。** **3 プログラミング教育と英語の学習（外国語活動）をどのようにつなげていくか考える。**	●低学年にはコーディングを扱うこのアプリは、難しいと思われるが、使わせた場合どのような学びを得ることができるか考える。 ●コーディングで使うプログラミング言語Swiftは英語の単語の組み合わせであることに気づいてもらう。
活動2（5分）	**4 「moveFoward()」「collectGem()」などのコードを画用紙に書き写す。** **5 画用紙に書かれた「コード」で指示を出し画面内のキャラクター役の教員に動いてもらう。**	●英語学習（外国語活動）の「読む」「書く」「話す」「聞く」の4技能がこの活動のどのようにつながるのか考えながら体験する。
終末（5分）	**6 研修を振り返り感想を出し合う。**	●プログラミング体験を英語学習（外国語活動）の中にどのように位置付けられるか。そのためにどのような手立てが必要か考える。

研修のポイント

活動1 気軽に参加しやすい研修形態の工夫

参加自由の放課後ミニ研修として実施した本研修では、参加者の敷居を下げるためにさまざまな工夫を行った。1つ目は時間を30分に限定することである。盛り上がってきてもスタートから30分経過したら終わるようにしている。2つ目は、毎回1つのアプリを取り上げ、授業シーンを考えながら使うことである。時には、参加者からのアイディアでアプリを紹介されることもある。3つ目は、児童になりきって楽しむことである。参加者同士のコミュニケーションを重視し児童目線で研修をすることが、学習効果の高い活用を作り上げていくことにつながっていくと考えられる。

写真1 Swift Playgroundsでプログラミング体験する様子

活動2-① 英語の技能「読む」「書く」との接点を意識した活動

Swift Playgroundsで扱うSwift言語は英単語が基本となっているため、おのずと英語の読み書きが必要になってくる。さまざまなコードを習得していくときに、アルファベットの並びと合わせて単語の意味も理解していくことができる。また、画面上の入力だけでなく、短冊状の画用紙に書き写すことも効果的であると考える。その際、スペースがないことや2つ目以降の頭文字は大文字にすることなど、コーディング独特のルールも押さえ、英語本来の記法との違いに気づくようにすることも必要である。

写真2 コードの1つを英語で画用紙に写している様子

活動2-② 英語の技能「話す」「聞く」との接点を意識した活動

画用紙に書き写したカードを持ち指示を出す（話す）役割と、指示を受けて（聞いて）指示通り動くキャラクターに分かれて活動する。真っすぐなのか曲がるのか。切り替えなのか取るのか。「指示を出す」と「指示を受ける」との間の仲介（インタープリタ）として英単語を意識して活動することで、英語とプログラミングの接点に気づくことができると考えた。活動を進めていると、キャラクター役が目の前にある宝石を指示がないのに取ってしまうことがあった。その際、順に指示される通りにしか動けないことを伝え、順次処理の概念の指導につなげていけることを確認した。

写真3 コードで指示を出しキャラクター役が動いている様子

全体を振り返って

小学校でのプログラミング教育は、コーディングが目的ではない。しかし社会で利用されているさまざまな情報システムはコードで動いており、小学生にも理解できる範囲で、コードに触れさせていくことは必要だと考えている。Swift Playgroundsでは、画面タップでコード単位の入力ができるなど敷居を下げてあり、無理なく導入ができる。また今回のように英語の学習と意図的に連携して活動を進めることで、英単語≒Swift言語≒コードと、コードを学ぶことに意味付けをすることができた。教科のねらいを満たすプログラミング教育を考えていくこともちろん大事だが、逆にプログラミング教育のねらいを満たすために教科や領域の学習がどのように歩み寄っていけばよいのか、これからも研修を通して考えていきたい。

短時間で楽しく学ぶ！プログラミング・ミニmini研修会

山口　眞希
石川県金沢市立大徳小学校
教諭（研究主任）

時間	15分
実施主体	研究主任
対象	校内教員

準備物
- プロジェクター、大型提示装置
- パソコン、タブレット端末
- 授業支援教材：NHK for School、ジャストスマイル8
- プログラミング教材：Ozobot、micro:bit
- プログラミング教育の実践本
- ホワイトボード、ワークシート（My宣言文、My報告文）

研修の概要

本校では毎月1～2回、OJTとして4人の主任（教務・研究・生徒指導・特別活動の各主任）が主催者となり、自主勉強会を開催している。この会は業務後に実施、自由参加、短時間開催（30分以内）を原則としており、内容は教員の声を聞きながら4人の主任で検討している。そのうちの5回をプログラミング教育に関する内容で開催した。プログラミング教育の概要やねらいについては、大学教員を招聘した校内全体研修会で学習したので、このミニ研修会では教員が体験することを通してプログラミング教育への理解を深めることを目的とした。また、「学校にあるモノを使う」をモットーに、パソコン室のパソコン、タブレット端末に入っているソフトや、NHK for Schoolを活用するようにした。

研修の流れ

時間	研修内容	留意点
第1回 (15分)	**○○先生をプログラミングして動かそう！** ● NHK for School「Why!?プログラミング」のクリップ「ジェイソンをプログラミング（順次）」を視聴する（2分） ● スイカを割るプログラムを考えてホワイトボードに書き出し、実際に誰かに動いてもらう（10分） ●「順次」の意味を確認し、まとめる（3分）	● 番組を活用することで、短時間で効率よく学習できる。 ● 参加者の1人をジェイソン役にして、考えたプログラム通りに動いてもらうことで「順次」の理解を深める。 ● スイカに見立てたボールを棒状の物でたたいてもらうとよい。
第2回 (15分)	**パソコン室でできるプログラミング** ● パソコン室のパソコンに入っているソフトを使って自由にプログラミングを体験する。（10分） ● 近くの人と、どんな授業で活用できそうか考えを出し合う（3分） ● まとめる（2分）	● 本校の場合はジャストシステム「ジャストスマイル8」を使用した。 ● どんな授業で活用できそうか考えながら体験してもらうように声かけする。考えを共有する時間を、短時間でよいので設ける。
第3回 (15分)	**プログラミング教材を体験しよう1** ● Ozobotでできることを簡単に紹介する（3分） ● Ozobotを体験する（10分） ● まとめる（2分）	● 模造紙とペンを準備しておき、自由に線や図を書いてOzobotを動かしてもらう。
第4回 (15分)	**プログラミング教材を体験しよう2** ● micro:bitでできることを簡単に紹介する（3分） ● 手順書を見ながら操作し、例として挙げられているハートを出すプログラムを作る（10分） ● まとめる（2分）	● 手順書は、micro:bitウェブサイトで公開されている「マイクロビットを簡単に使うための5つのステップ」※を使用する。このページはアニメーションでプログラムの作り方が示されていてわかりやすい。
第5回 (15分)	**プログラミング教育の実践紹介** ● 研究主任より、教科の中で実践したプログラミング教育の実践を紹介する（3分） ● プログラミング教育の実践本や資料を自由に読む（10分） ● まとめる（2分）	● プログラミング教育の実践が載っている本を数冊準備しておき、自由に読んでもらう。 ● 研修会後も読みたい人がじっくり読めるよう、職員室等の手に取りやすい場所に置いておく。

※　https://microbit.org/ja/guide/quick/

研修のポイント

ポイント1 短い時間で何度も研修

全員参加必須の研修にしたり、1回の研修時間を長くして、たくさんの内容を学べる研修にしたりすることも、もちろんよいやり方だが、現状の学校現場ではその時間を確保することがなかなか難しい。しかし15分程度の短い研修であれば、業務後、または会議修了後にさっと行うことが可能であり、「短時間なら参加してみようかな」と考える人も多い。「1回の研修で1つを学んでもらう」姿勢を大切にし、誰もが気軽に参加できる研修会を目指した。

写真1　短時間なら参加しやすい

ポイント2 プログラミング体験を研修の中心に

短時間の研修であるので、授業の流れを考えるような研修よりはプログラミング体験を中心にしたほうがタイムマネジメントがしやすいと考えた。プログラミング教材の準備が難しいようであれば、NHK for Schoolのプログラミング教育番組「Why!?プログラミング」を視聴し、番組で紹介されているような「順次」「反復」などのプログラムを考え、動作化することでも十分な体験となる。また、学校のパソコンにプログラミング教材が入っていなければ、無料のプログラミング教材がインターネット上にいくつもあるので、ダウンロードしておいて体験してもらってもよい。

写真2　NHK for Schoolの番組も活用（NHK for School「Why!?プログラミング」より）

ポイント3 学んだことを活かすために

学んだことを自分の実践に生かせてこそ、研修会を行う意義があると考える。そこで、研修会の最後には「My宣言文」という小さなカードを準備しておき、学んだことから、自分が実践しようと思うことや実践に活かしたいことを書いてもらう。また、「My報告文」というカードも配布しておき、実践をしたらそのカードになにをしたか簡単に書いて報告してもらう。戻ってきたカードを研究通信等で配布したり掲示したりしておくと、他の教員の刺激になる。また、研修会で使用したプログラミング教材や実践本は、職員室に置いておき、誰もが気軽に触れるようにしておくと、参加できなかった教員にも関心を持ってもらえる。

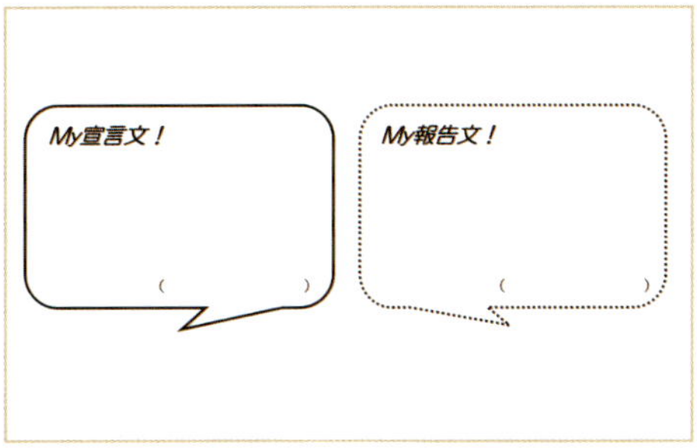

写真3　学んだことを生かせるようにするためのカード

全体を振り返って

短時間の研修、さらに自由参加・出入り自由と自由度の高い研修にしたために、「短い時間なら行ってみるか」と参加してくれる人が多かった。本来であれば全員参加の会にしたいところだが、まずは興味を持った人に体験してもらい、そこから参加の輪が少しでも広がればそれでよしと考えを切り替えて実施した。「プログラミング教育」はその言葉だけでも多くの人にとってハードルが高い。最初からあまり難しい内容にせず、「あ、これならできそう」と思ってもらえるような研修内容になるよう心がけた。また、My宣言文を書いてもらうことで、学びを自分ごととして捉え、実践につなげようとする意識の向上につながった。

本日、『情報屋』開店します！

川澄　陽子
茨城県那珂市立横堀小学校
教諭（情報教育担当）

時間	25分
実施主体	情報教育担当
対象	校内教員

準備物
- タブレット端末（iPad）
- プログラミング教材：ScratchJr
- 研修内容を記載した資料

研修の概要

月に1〜2回、『情報屋』と題した情報教育に関するミニ研修会を実施している。情報教育に関するさまざまな内容を教員に紹介することで、理解・体験・拡散させることを目的として、気軽に参加できるように配慮している。研修内容はその都度異なるが、事前に「情報通信」を発行することで、実施する研修内容を周知させたり、ミニ研修会の当日には小旗を掲げたりしている。短時間の研修を重ねたこともあり、情報教育に対する意識が高まったり、ICT機器を活用したりする教員が増えてきた。

研修の流れ

時間	研修内容	留意点
導入 (5分)	**1 タブレット（iPad）の基本操作を確認する。** 今回は、ScratchJrの活用法について確認する。 ●ホームへ戻るためのボタンはここだね ●アイコンを触れば、使いたいソフトが動き出すのか	●研修内容を記載した資料「情報通信」を事前に配布することで、参加者がスムーズに研修に入ることができるようにする。 ●はじめに基本操作を確認し、機器の取り扱いへの抵抗をなくしていく。
活動1 (5分)	**2 ScratchJrで作成した作品を見る。** ●絵が動いているわ ●どんな仕組みになっているのかな	●できあがりの作品を見せることで、参加者の「やってみたい」という気持ちを高める。
活動2 (10分)	**3 ScratchJrを実際に動かしてみる。** (1) 見本の作品と同じように、動きを組み立てる。 ●コンピュータへの指示は、色別のボタンになっている ●コンピュータがどの指示を処理しているのか見えるぞ (2) 近くの教員と共有する。	●コンピュータが指示を処理している画面を見せることで、命令を出した通りにしか作動しないことを確認させる。 ●タブレットをとにかく触って試してもらい、ICT機器を使うことに慣れてもらえるよう工夫する。
終末 (5分)	**4 研修のまとめと次時の予告をする。** (1) 授業やクラブでの活用例を提案し、研修のまとめをする。 ●ScratchJrは、教える側も気軽にできそうだな ●どの教科で活用できそうかな (2) 次回のミニ研修『情報屋』の宣伝をする。	●実際に授業で活用できる場面をイメージできるように、展開事例を示すことで、教員同士の対話が深まるようにしたい。 ●次回のミニ研修『情報屋』で取り上げる予定の内容を告知する。

研修のポイント

研修前　自作資料を活用して事前に研修内容を周知

「プログラミング教育とはコンピュータの画面に向かってキーボードを打ち込むこと」といった誤った解釈をしている教員がいる。どの教員にもプログラミング教育について理解してもらうためには、プログラミング教育について定期的に研修を積み重ね、導入の背景や枠組みを知ってもらう必要があると考えた。そこで、プログラミング教育をはじめ、情報教育に関するさまざまな情報を紹介することを目的に自作資料「情報通信」を発行することとした。そこには、『情報屋』と題したミニ研修日と研修内容も載せて、気軽に参加できるような工夫を取り入れている。

写真1　情報教育に関する内容を事前に告知する「情報通信」

活動2　教員同士の学び合いの場の設定

5歳〜7歳児を対象としたプログラミングアプリScratchJrを実際に試してみるという共通の目的を設定した。ScratchJrを使うと、タブレット上でコンピュータへの指示を組み立てることができ、それがアニメーションとして瞬時に反映される。楽しみながら操作できるので、はじめて扱うアプリとしてはハードルが低く、低学年児童の利用に適したものの1つである。この体験を通して、教員同士の活発な対話が生まれ、童心にかえったように、夢中になってタブレットを操作する姿が見られた。

写真2　夢中になってタブレット操作に取り組む教員

終末　次につながるしかけづくり

経験豊富な教員ほど、ICT機器のよさを体験して、理解すれば、授業で効果的な活用をすることができる。また若手の教員は、自分たちの生活に身近な端末を使うことに抵抗感は少ない。この両者の長所とも言うべきところを、互いに補い合うことができる振り返りになればと考えた。そこで、本研修で扱ったScratchJrを仲介にして、授業で取り入れられるかを気軽に話し合える場面を設定した。ベテランも若手も、アイディアを出し合い、よりよい授業づくりができるよう深め合う姿が見られた。

写真3　互いに意見を出し合い、深め合う

全体を振り返って

研修から数日後、早速「クラスでScratchJrに取り組んでみました」という教員の報告に、「どんなふうに使ったの？」と別の教員が問いかける姿があった。互いに認め合い、高め合おうとする教員の集団だからこそ見られる場面だと感じさせられた。本研修は、「気軽に聞ける、体験できる」ことで、教員の理解・体験・拡散につながり、少しでも情報教育へのハードルが下がることを期待している。今回の研修はプログラミング教育の「教科単元の目標達成のために、コンピュータを活用する」内容の一部だったので、次回はプログラミング的思考が活用される体験を中心に構成したいと考えている。

大規模校でプログラミング教育を推進する体制づくり

山口　眞希
石川県金沢市立大徳小学校
教諭（研究主任）

時間	–
実施主体	研究主任
対象	情報教育担当者

準備物
- プログラミング教育ベーシックカリキュラム（市策定のもの）
- プログラミング教材：micro:bit、Ozobot等
- 文部科学省「小学校プログラミング教育の手引」※
- 実践資料

研修の概要

金沢市のプログラミング教育モデル校である本校は、学級数30の大規模校である。教員数も多く、学校運営において皆が同じ方向で進んでいくためには、目的や方法を共通理解し、情報を共有・周知徹底するための工夫が必要である。プログラミング教育を推進するにあたり、「一部の人だけが取り組んでいる」という状況を作らないようにするためにも、体制づくりが重要だと考えた。そこで、各学年に「プログラミング教育推進委員」を配置し、その6名と研究主任・主幹教諭（教務主任）が中心となってプログラミング教育を推進していくための「プログラミング教育推進委員会」を立ち上げた。

研修の流れ

時間	研修内容	留意点
1学期	**各学年のプログラミング教育推進委員の選任** **プログラミング教育推進委員会** ● プログラミング教育の目的、金沢市プログラミング活用人材育成事業のねらいについて学ぶ。 ● ベーシックカリキュラムの確認と学校裁量の内容をどう教育課程に位置付けるかを検討する。 ● プログラミング教材の体験と教科におけるプログラミング教育の実践について学ぶ。 ● 研修方法の検討と先行実践について協議する。 ● 各学年の教育推進委員による先行実践を行う。 ● 先行実践の振り返りを行う。	● 年度はじめの段階で「プログラミング教育推進委員会」を校務分掌に位置付ける。 ● 手引の概要をまとめておく。 ● 市が発行している資料を準備しておく。 ● すべての学年のカリキュラムに目を通す場を設ける。 ● micro:bit、Ozobot等、カリキュラムに位置付けられたプログラミング教材を体験する。 ● 実施時期については具体的に決めておく。 ● 1学期に設定されていない学年は単元の入れ替えを行い、できる限り実施する。 ● 内容の質を高め、実践を広めるために授業を振り返り、課題点や改善点を出し合う。
夏季休業	**プログラミング教育推進委員会** ● プログラミング教材の体験と教科におけるプログラミング教育の実践について学ぶ。	● いつでも誰でも使えるように配置場所を考慮する。 ● 活用頻度を高めることを目的にしたルールを設定する。
	全教員 ● 全体研修会を行う。	● プログラミング教育推進委員が中心となって教員全体に研修する。
2学期	**全教員** ● 全教員1人1回、プログラミング教育のカリキュラムに基づいた実践を行う。	● 授業を実施する時には朝礼等で告知し、多くの人に参観してもらうようにする。 ● 推進委員は担当学年の授業を必ず参観する。 ● 授業者に簡単な振り返りを書いてもらう。
	プログラミング教育推進委員会 ● 各学年における実践進捗状況の報告とプログラミング教材の点検・整備を行う。	● 委員の求めに応じて、適時開催する。
3学期	**プログラミング教育推進委員会** ● 2020年の本格実施に向けて、実践から出た成果と課題を整理し、その結果を周知する。	● 各学年の実践から出てきた成果と課題を、それぞれの学年の推進委員が報告できるように伝えておく。

※　http://www.mext.go.jp/a_menu/shotou/zyouhou/detail/1403162.htm

研修のポイント

1学期 各学年から推進委員を出す

大規模学校では、目的や方法を共通理解し、情報を共有・周知徹底するためには、学年団の役割が重要である。そこで、各学年からプログラミング教育推進委員を出してもらい、推進委員が学年への連絡を徹底して行うとともに、学年から出てきた情報を確実に推進委員会に伝え、共通理解できるようにする。学年主任にも協力を仰ぎ、組織的に動けるようにするとよい。

写真1　各学年の推進委員による議論

1〜3学期 段階的な体制づくりを

プログラミング教育に関しては、教員自身も授業を受けた経験が少ないため、推進委員も「よくわかっていない」「なにをしていいかわからない」状態がほとんどである。したがって、年間を見すえた長いスパンで体制を整えていくことが望ましい。1学期は、まず推進委員がプログラミング教育について学ぶ期間、2学期は全教員に理解を促し、実践を「試す」期間、3学期は2学期の実践を受けて本格実施に向けて改善していく期間のように、段階を踏んで準備していくことが大切である。

写真2　まずは推進委員が学ぶ場の設定

1〜3学期 過度な負担に留意した場の設定

プログラミング教育推進委員は大きな役割を担うが、他にも校務を担っている教員がほとんどであるため、過度な負担となりすぎないようにしたい。委員会の時間は45分と決め延長しない、事前に考えてほしいこと、会議で検討することをプリントにして示しておく、先行実践の指導案は略案にするなど、研究主任は効率よく進める工夫を考えるとよい。

写真3　推進委員の負担軽減も意識

全体を振り返って

プログラミング教育に関しては、多くの学校が手探りの状態で進めていると推測できる。そのような状況であるからこそ、研究主任や情報担当だけが推進するのではなく、協力体制を整えて組織的に進むことが必要であると考える。大規模校の場合は、学年団を活かした形での体制づくりをすると、効率的に推進できると感じた。また、1年間という長いスパンで準備を進めることによって、試行したことをじっくり振り返る時間の余裕が生まれる。本格実施に向けて、段階的に体制を整える大切さを感じた。

プログラミングのリーダーになろう

藤原　晴佳
茨城県つくば市立春日学園義務教育学校
教諭

時間	月1～2回
実施主体	プログラミング教育部会
対象	プログラミング教育部会（校内教員）

準備物
- タブレット端末
- プログラミングの書籍多数
- プログラミング教材：プログラミン、Sphero SPRK+、micro:bit
- 「プラス面（Plus）」「マイナス面（Minus）」「興味深い面（Interesting）」の3つを整理するためのワークシート、気持ちカードなど

研修の概要

本校には各教科の部会があり、プログラミングを希望した教員で、2018年度のはじめにプログラミング部会を結成した。部員は、今年1年プログラミング教育に特化して研究を進め、周囲の教員にも徐々に広めていくことを目標としている。研修では、プログラミング教育の目指す方向性や目的の確認を行いながら、プログラミングの操作方法や授業での活用方法等を学べるように配慮した。やりっぱなしにならないように、部員全員が授業公開の設定を行い、授業の振り返りも欠かせない。

研修の流れ

時間	研修内容	留意点
1回	**1 プログラミング部会の設立** (1) プログラミング教育の目指す方向性と目的の確認を行う。 (2) 部会が目指す1年の目標を設定する。	●文部科学省による新学習指導要領や「小学校プログラミング教育の手引」を参考に、目的やねらいを明確にする。
2回	**2 コンピュータを使わないプログラミング教育の体験・プログラミング的な考え方を生かした算数的活動**	●コンピュータを使わないプログラミング教育とはなにかを講話しながら、実際に教科の中に落とし込み算数の中で体験できるようにする。
3回	**3 文部科学省「プログラミン」の体験** ●夏をテーマに物語を作ろう	●1人1台タブレット端末でプログラミンを使って基本操作を行いながら、創作活動ができるようにする。
4回	**4 校内研修を行い、プログラミング教育を周知する。** ●プログラミング部会を中心に、研修を企画し、本校教員全員にプログラミングの体験をしてもらう。	●全員参加ができる夏休みに、プログラミング部会を中心に研修を行う。1人1台タブレット端末を使用し、操作説明する。
5回	**5 ロボット教材を使ったプログラミングの体験** ●Sphero SPRK+を使って、ロボットを動かす体験を行う。 「SPRK+で図形を描いてみよう」 ●micro:bitを使って、基盤を動かす体験を行う。 「micro:bitを光らせたり音を出したりしてみよう」	●ロボットにプログラミングを行い、実際に動かす体験を確保する。操作方法を習得するだけでなく、どのように教えていったらよいか検討していった。
6回	**6 ルーブリック評価の作成** ●Benesseが提示しているルーブリック※をもとに、本校で行うためのルーブリックの作成を部員で行う。	●Benesseのルーブリックの評価基準を参考にどのようなスキルを身につけるかを話し合い作成していった。
7回	**7 授業の実践を行う。** ●プログラミング部会の教員が、自分の学級でそれぞれ授業を行い、授業を参観しながら反省点をまとめる。	●それぞれの学級で授業を実施し、どのように他の部会の教員が参観に行く。指導案をもとに、改善点を付箋に書き出していく。
8回	**8 ワークシートを用いて振り返りを行う。** ●授業を振り返りながら、授業の進め方や本校でどのような力を身につけていくかを話し合う。	●授業を実施した後、必ず振り返りの時間を確保し、改善・修正につなげていく。

※ https://beneprog.com/category/standard/

研修のポイント

1回　プログラミング部会の設立

まず、教員同士の意気込みや不安に思っていることを情報交換するため、気持ちカードと題した４色のカードを使って、気持ちを共有した。和気あいあいとした雰囲気が流れ、緊張をほぐすことにつながった。その後、文部科学省で示されている内容や「小学校プログラミング教育の手引」を参考に、全員で情報を読み解き、考えなどを出し合いながら、プログラミング教育の背景やねらいを確認していった。ほとんどの教員がプログラミング教育に対して不安感を抱いていたことから、「まずは全員がプログラミングを授業に取り入れてみる」ことをゴールとした。

写真１　部会で気持ちカードを使いながら話し合っている

2回・3回　プログラミングの体験

コンピュータを用いずに「プログラミング的思考」を育成する指導から、ロボット教材を使ったプログラミングまで、幅広く研修を行い、ある程度使いこなせるまで教員同士で教え合いながらスキルを身につけた。また、研修を行いながら、たくさんのアプリやロボット教材を利用したプログラミングを体験するだけでなく、今年度はどのアプリを使うかも選別をした。その後、自分の得意なアプリを極め、部員外の教員にもサポートに行けるよう、アプリ担当者を本校教員に公開した。そうすることで、部員外の教員の授業でサポート役を行ったり、授業案を一緒に構想したり、学校に広めることができるよう取り組むことができた。

写真２　部会でmicro:bitを研修している

7回　授業を見合う・振り返り

部員でお互いの授業案を考え、１人１回授業公開を行った。他の部員は参観しながら、気づいたことや授業の流し方、留意点などを付箋に書き出し、ワークシートにまとめていった。振り返りの時間を持つことで、授業者自身が授業の振り返りができるだけでなく、プログラミングの活用の仕方や言葉がけ、児童がどのように活用していればよいかを部員全員で改善していくことにつながった。また、プログラミング的思考が生かされる教科や単元を洗い出すこともできた。このようにして、徐々に実践の深まりが見られ、プログラミング教育が楽しい操作だけで終わることがなくなったことも、振り返りの成果として感じられる。

写真３　ワークシートに付箋を貼りながら、改善点を出し合う

全体を振り返って

大規模校では、一気にプログラミング教育を広めることは難しい。だからこそ部会を設立し、研究に取り組む教員を確保することでプログラミング教育に取り組むことが重要だと感じている。また、部員の研修や授業に対する意欲を高めることができたのも、理論と同時にプログラミングの持っている面白さを教員自身が体験できたことも大きく関係していると言える。

今後の課題としては、ルーブリックの作成である。また、授業の中でプログラミングの学習内容が身の回りの生活で生かされていることを児童に対し、積極的に発信していく必要がある。教員も児童も、同じゴールに向かってに取り組むことができるよう、教科とプログラミングが融合した授業の開発を行っていきたい。

環境整備で児童の意欲を喚起しよう！

仲見川　康隆
茨城県古河市立大和田小学校
教諭（研究主任）

時間	ー（自主研修）
実施主体	研究主任
対象	校内教員

準備物
- 掲示物：児童作品
- プログラミング教材

研修の概要

校内でプログラミング教育の研究を進めるに当たって、学習環境を整備することで、児童のプログラミング教育に対しての意欲喚起につなげたいと考えた。そこで、以下の3点の環境整備を考えた。

1. 教室内に、プログラミング教育で身につけさせたい基本的な概念をわかりやすく説明した掲示物を作成することで、意味や使い方についての知識を身につけさせる。
2. プログラミングの授業で作成した作品を掲示することで、児童が見通しを持つことができるようにするとともに、賞賛される場を設定することで自己有用感を育てる。
3. 高学年で活用するロボット教材は、自分が思うように動かすためにはある程度のスキルを身につける必要がある。そこで、児童が日常的に教材に触れることができる場を設定する。

研修の流れ

時間	研修内容	留意点
4月	**1 校内研究の内容について確認する。**	●本年度の研究の取り組み内容について確認し、学習環境の整備内容についての打ち合わせを実施する
5月	**2 掲示物の種類と、作成担当者の分担をする。** ●3段階に分けた掲示物 ●プログラミング教材の提示	●発達段階に応じた掲示物については、低中高学年ごとに担当者を割り振り、児童が理解できる表現になっているか確認する。 ●教材の提示については、研究主任と高学年担当の教員が担当して教材の選別や掲示方法を考える。
6月	**3 学習環境の整備をする。**	●低中高の3段階に分けた、基本的な概念を説明した掲示物を掲示する。 ●児童の目が触れやすい場所にプログラミング教材を設置する。
随時	**4 児童作品を掲示する。**	●プログラミングの授業で作成した児童作品は、学習進度に合わせた情報になるよう、随時更新するように心がける。

研修のポイント

ポイント1 教室内の掲示物

プログラミング教育を実践していくためには、児童の発達段階に応じて、各学年の系統を踏まえた取り組みが大切である。そこで、低・中・高の3段階に分けて、プログラミング教育で身につけさせたい基本的な概念をわかりやすく説明した掲示物を作成した。児童は、日常的に「順次」「条件分岐」「反復」などの言葉に触れることによって、意味や使い方についての知識を身につけることができた。授業以外の場面でも、「これってループだね」などと、プログラミングの概念と生活とを結びつけて考える児童の姿も見られるようになった。

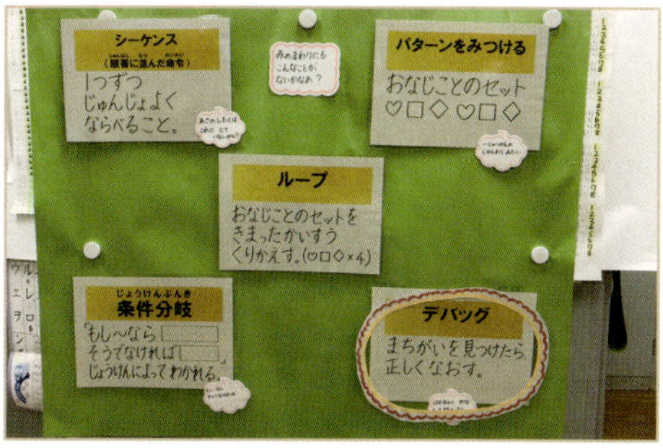

写真1　学年の発達段階に応じた、プログラミングで身につけさせたい概念の説明

ポイント2 児童作品の掲示

教室内や廊下など、校内の掲示コーナーに、児童がプログラミングの授業で作成した作品を掲示した。プログラミングでの作品づくりは、児童のさまざまな思考を可視化することができることから、児童の個性あふれる作品がたくさん見られた。より多くの目で見てもらえることや賞賛の声をもらえることから、児童の意欲喚起にもつながった。
また、他学年の児童にとっても、自分たちが学ぶときの見通しを持つことができたり、いろいろな作品に触れることで感性を育てることができたりすることから有効な情報になると考えた。

写真2　タブレット端末を活用した3年生国語科の物語づくりの作品

ポイント3 教材の掲示

教材への興味・関心を高めるために、プログラミングの授業で活用するロボット教材の掲示をした。ロボット教材を教科の中で活用する授業は、高学年になってからの実施計画になっている。しかし、前年度までは、いざ使ってみると自分の思い通りに活用できないことから苦手意識を持ってしまう児童も見られた。そこで、授業で活用する以前に、日常的に教材に触れる機会を設定することで、自然と活用するためのスキルを身につけられたり、苦手意識が和らいだりするのではないかと考えた。雨の日の休み時間やクラブ活動の時間にロボット教材に笑顔で触れている児童の姿が見られた。

写真3　プログラミング教材の掲示

全体を振り返って

学年の系統性を考えた掲示物は、児童の思考を整理する手助けになり、プログラミングの概念を日常的に考える手立てになった。児童作品の掲示は、児童が思考を整理して表現する手段になり、賞賛される機会が増えたことからも有効な手段であった。教材の掲示については、ロボット教材に触れる機会が多くなり、児童の意欲喚起につながった。

本校は、教員が少人数なこともあり、あまり役割の分担をせずに全教員で取り組む方向性で研究に取り組んだ。しかし、一人一人の負担感が大きくなってしまうこともあった。教員の規模に応じて、学習環境を整備する教員と、学習内容について協議する教員等と、役割分担をしたほうが取り組みやすいと感じた。今後も全教員で足並みをそろえてプログラミング教育に取り組んでいけるような体制を整えていきたい。

石川県小松市のプログラミング教育の取り組み

● 石川県小松市

教育長	石黑　和彦
人口	10万8783人（2018年12月1日現在）
児童数	5921人（2018年12月1日現在）
小学校数	23校

小松市教育研究センター

自治体の特徴

小松市は、石川県西南部に広がる豊かな加賀平野の中央に位置し、産業都市として発展。南加賀の中核を担っている。弥生時代の碧玉（へきぎょく）の玉づくりに始まり、江戸時代には、前田利常公の殖産興業政策によって城下に職人たちが集まるなど、「ものづくり」をなりわいとして繁栄してきた歴史がある。現在では世界的な建設機械メーカーが生まれ、その協力企業等によって機械産業を中心とした産業クラスターが形成されている。

● **サイエンスヒルズこまつ**　産業クラスターの技術力を継承し科学技術国をリードする人材の育成と、産業の集積を目的に、小松駅東エリアにはひとともものづくり科学館「サイエンスヒルズこまつ」が整備されている。ここは、次世代を担う子どもたちがものづくりの礎となる理科・科学を学び、学生や研究者が集う「科学とひとづくり」の拠点となっている。

● **小松市教育研究センター**　学校の情報教育の充実を図るため、情報教育担当の指導主事1名とICTインストラクター2名が常駐しており、情報活用能力の育成や情報モラル教育の推進、また市内小中学校へのICT機器整備を計画的に行っている。現在、主に整備されているICT機器として、タブレット端末（コンピュータ教室）、可搬型無線LANアクセスポイント、大型提示装置（普通教室）等がある。学校での学習活動においてICT機器を有効に活用できるよう、ICTインストラクターによる学校への授業補助や職員研修、機器トラブル時の対応等を行っている。

自治体が目指すプログラミング教育像

新学習指導要領では、小学校でもプログラミング教育が導入されることとなったが、すべての教員がその趣旨を踏まえた指導を行うこと、また現在の多忙な学校においてそれぞれが教材を準備することは容易ではないと考えた。そこで、プログラミング教育の授業パッケージを小松市教育研究センターで作成することとした。また小松市内すべての小学生がプログラミングを理解し体験できるよう、この授業パッケージを使った授業を4年生の総合的な学習の時間に位置付けた。授業パッケージ実践後は、各教科においてプログラミング的思考と結びつけた授業展開を目指す。

この授業パッケージを作成するにあたり、以下4つの基本方針を定めた。

❶ 小学校学習指導要領の記載事項を考慮し、コーディングができるようになることを主目的としないこと。
❷ 5単位時間（45分×5）でプログラミングの基本概念の理解（理解の学習）と、教材を使用したプログラミング体験（体験の学習）ができること。
❸ 小松市の資産である科学館を有効利用すること。
❹ 授業パッケージに沿って行うことで、どの教員も少ない負担感で、容易にプログラミングの授業を実施できること。

授業パッケージと学習のねらい

授業パッケージの構成およびそれぞれの時間の学習のねらいは次の通りである。

授業パッケージの授業構成

	時間	場所	教材	指導者
理解の学習Ⅰ	1時間目 2時間目	学校	小松市教育研究センター作成の教材（指導案付） ● 提示用プレゼンテーション資料 ● Webコンテンツ	担任
体験の学習	3時間目 4時間目	科学館	レゴ マインドストームEV3	科学館職員
理解の学習Ⅱ	5時間目	学校	小松市教育研究センター作成の教材（指導案付） ● 提示用プレゼンテーション資料	担任

授業パッケージのねらい

理解の学習Ⅰ	● 身近な生活でコンピュータが活用されていることに気づく。 ● プログラミングの考え方にはどのようなものがあるかを知り、特に「問題の解決には必要な手順があること」に気づく。
体験の学習	● 教材をゴールさせるためにどんな動作の組み合わせが必要か、またどのように改善すればより意図した活動に近づくのか試行錯誤し、論理的に考えることができる。
理解の学習Ⅱ	● プログラミングの考え方が学習や日常生活の中の考え方に結びつくことを知る。

また、この授業パッケージの中で、小松市教育研究センター側で準備したものは次の通りである。

小松市教育研究センターで準備したもの

- 指導案（図1）
- 提示用プレゼンテーション資料
- ワークシート（図2）
- Webコンテンツ（協力：株式会社ちょもらんま）
- Webコンテンツ基本操作説明書（図3）

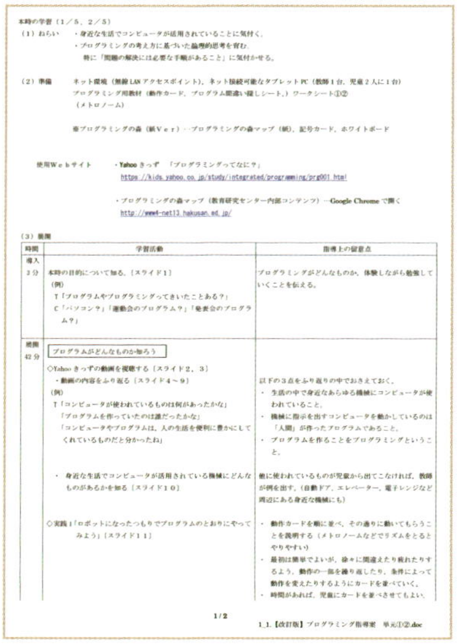
本時の学習（1／5、2／5）
（1）ねらい　・身近な生活でコンピュータが活用されていることに気付く。
・プログラミングの考え方に基づいた論理的思考を育む。
特に「問題の解決には必要な手順があること」に気付かせる。
（2）準備　ネット環境（無線LANアクセスポイント），ネット接続可能なタブレットPC（教師1台，児童2人に1台）
プログラミング用教材（動作カード，プログラム間違い探しシート，）ワークシート①②
（メトロノーム）
※プログラミングの森（紙Ver）…プログラミングの森マップ（紙），記号カード，ホワイトボード
使用Webサイト　・Yahooきっず　「プログラミングってなに？」
https://kids.yahoo.co.jp/study/integrated/programming/prg001.html
・プログラミングの森マップ（教育研究センター内部コンテンツ）…Google Chromeで開く
http://www4-net13.hakusan.ed.jp/
（3）展開

時間	学習活動	指導上の留意点
導入 3分	本時の目的について知る。［スライド1］ （例） T「プログラムやプログラミングってきいたことある？」 C「パソコン？」「運動会のプログラム？」「発表会のプログラム？」	プログラミングがどんなものか，体験しながら勉強していくことを伝える。
展開 42分	プログラムがどんなものか知ろう ◇Yahooきっずの動画を視聴する［スライド2，3］ ・動画の内容をふり返る［スライド4～9］ （例） T「コンピュータが使われているものは何があったかな」 「プログラムを作っていたのは誰だったかな」 「コンピュータやプログラムは，人の生活を便利に豊かにしてくれているものだと分かったね」 ・身近な生活でコンピュータが活用されている機械にどんなものがあるかを知る［スライド10］ ◇実践1「ロボットになったつもりでプログラムのとおりにやってみよう」［スライド11］	以下の3点をふり返りの中でおさえておく。 ・生活の中で身近なあらゆる機械にコンピュータが使われていること。 ・機械に指示を出すコンピュータを動かしているのは「人間」が作ったプログラムであること。 ・プログラムを作ることをプログラミングということ。 他に使われているものが児童から出てこなければ，教師が例を出す。（自動ドア，エレベーター，電子レンジなど周辺にある身近な機械にも） ・動作カードを順に並べ，その通りに動いてもらうことを説明する（メトロノームなどでリズムをとるとやりやすい） ・最初は簡単でよいが，徐々に間違えたり戻れたりするよう，動作の一部を繰り返したり，条件によって動作を変えたりするようにカードを並べていく。 ・時間があれば，児童にカードを並べさせてもよい。

1/2
1_1.【改訂版】プログラミング指導案　単元①②.doc

図1　指導案

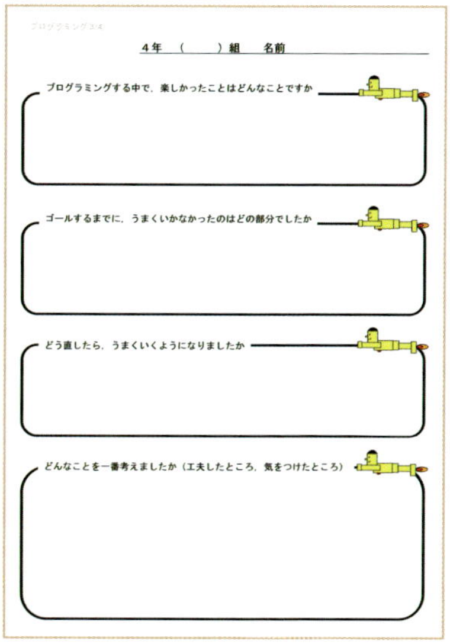
4年　（　　　）組　名前
プログラミングする中で，楽しかったことはどんなことですか
ゴールするまでに，うまくいかなかったのはどの部分でしたか
どう直したら，うまくいくようになりましたか
どんなことを一番考えましたか（工夫したところ，気をつけたところ）

図2　ワークシート

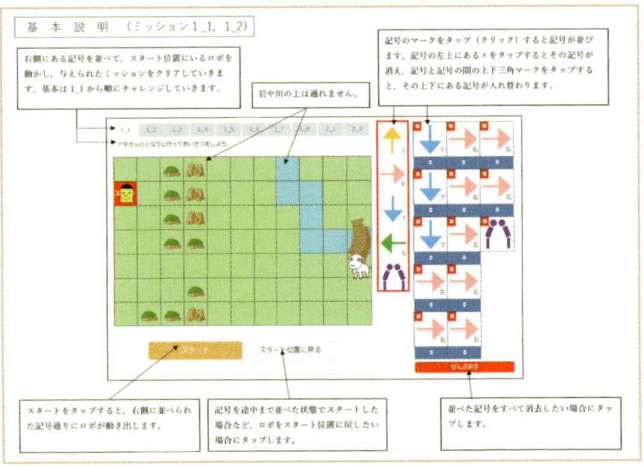

図3　Webコンテンツ基本操作説明書

授業パッケージの授業構成

授業パッケージは、次のような授業で構成されている。

理解の学習Ⅰ（1時間目、2時間目）

プログラミングってどんなもの？

身近な生活の中に、プログラムを利用しているものが数多く存在していることに気づかせるため、提示用プレゼンテーション資料（図4）を見せ、プログラミングが使われている身近なものがどのように動いているのか確認する。

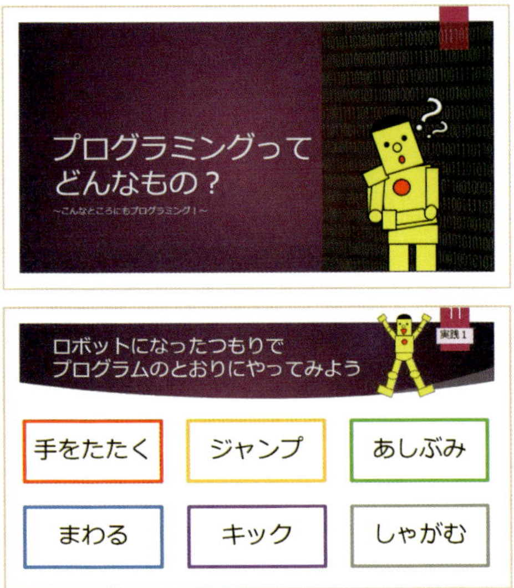

図4　提示用プレゼンテーション資料

コンピュータになってプログラムを実行してみよう

動作カードを黒板等に貼り、好きな順に並べてその通りに体を動かす。人間は動作が難しいと間違えたり疲れたりするが、コンピュータは正確に繰り返し、指示されたことができることに気づかせる。

プログラム間違い探し（デバッグ処理）

ある行動をしようとしているキャラクターのフローチャートをワークシート（図5）で提示し、手順の間違いを見いだし、正しく行動できるように修正するという内容である。

修正するには、まず手順のどこに間違いがあるのかを見つけ、正しい動作や順序に書き換えるというデバッグ処理が必要となる。

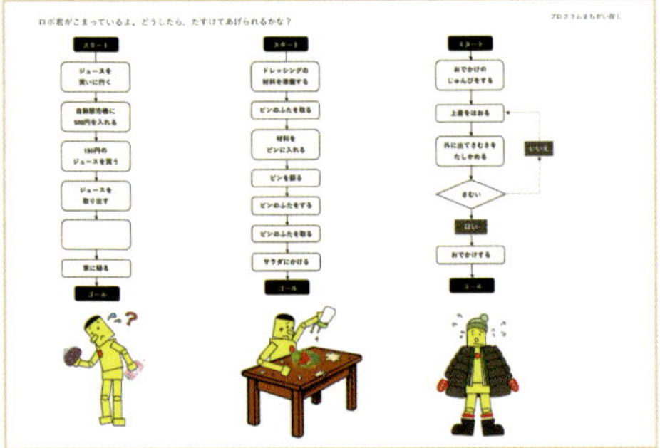

図5　ワークシート

プログラミングしてみよう

当センターのサーバー上で動作しているWebコンテンツ「プログラミングの森マップ」（図6）を使い、与えられたミッションをクリアするために、プログラミングを行う。目的達成のためにプログラムを組む基本演習を行いながら、「プログラムに使う記号をより少なくするにはどうすればよいか」「同じ動作を繰り返して使う方法はないか」等、プログラムを簡略化して組むことができないかを考えさせる。

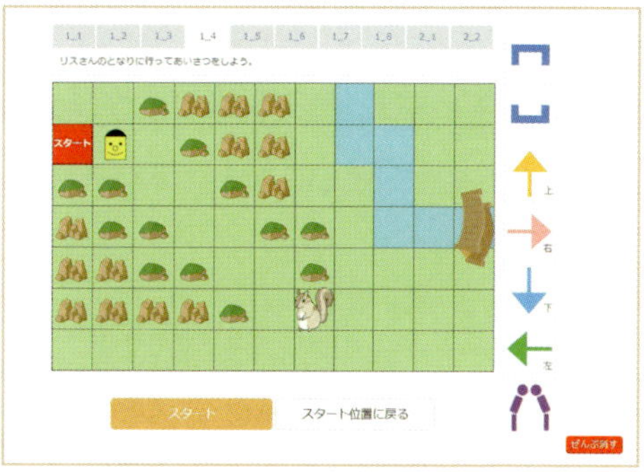

図6　プログラミングの森マップ

体験の学習（3時間目、4時間目）

プログラミング体験

レゴ マインドストームEV3を「板をつなぎ合わせたコースの、スタートからゴールまでコースを外れないように走行する」という課題を提示し課題解決を行う（図7）。

動作は回転と前進を基本とし、回転は試行錯誤をさせるため、あえて角度ではなく、回転する方向と時間で調節を行う。

ペアで自分の考えを伝え、話し合い、試行錯誤して問題解決できるよう、2人に1台使用する。

図7　レゴを走行させるコース

理解の学習Ⅱ（5時間目）

プログラミングの考え方を使って

学習内容を振り返りながら、「これまでのプログラミングの学習を日々の学習や、今後の問題解決を必要とする際に生かすことができないか」という課題を設定する。プログラミング的思考がどのようなものであったかの確認と、他の学習場面でどのように生かすことができるかについて考えさせる（図8）。

図8　プレゼンテーション資料

この「理解の学習Ⅱ」に関しては、プログラミング教育推進校における授業実践の様子や授業者のアンケート結果等から改善が必要と考え、以下のような変更を検討している。

- 当初は「問題解決には必要な手順があることへの気づき」を中心とした内容だったが、「問題解決のための思考整理、考え方のプロセス化」を題材に「順次」「反復」「条件分岐」などの「プログラミング的思考」の比重を高めた内容になるよう修正する。
- 「プログラミングの考え方が学習や日常生活の中の考え方に結びつくことに気づく」という授業のねらいを達成するため、「日常生活の中の動作のプログラム」を作る活動を取り入れ、プログラミング的思考の自覚化を目指す。
- 指導案の修正として以下のことを検討する。
  - 導入の場面で振り返りをする際、今までのワークシートの見返しがすぐにできるよう、あらかじめ準備しておくことを「指導上の留意点」に記載する。
  - 板書計画の記載

研修の全体像（予定も含む）

プログラミング教育や授業パッケージの理解を図るため、各種研修を実施し周知を行っている。

研修概要

時期	研修	場所	2017（H29）	2018（H30）	2019（H31）
5月	**1 プログラミング教育担当者会** ● プログラミング教育の目的理解 ● 小松市におけるプログラミング教育のスケジュールおよび概要説明	小松市教育研究センター	―	推進校担当者	市内全担当者
8月	**2 プログラミング講座** ● プログラミング教育の目的理解 ● 授業パッケージの進め方の実演と実践	科学館	希望者	推進校担当者および希望者	市内全担当者
10月	**3 プログラミング教育研修会** ● 授業参観 ● 講師を招いての講習会	学校（初回実施校）	―	推進校担当者	市内全担当者

研修の実際や特徴的な教員研修

上記「研修の全体像（予定も含む）」で示した各研修の、具体的な取り組みは以下の通りである。

①プログラミング教育担当者会

目的　担当者にプログラミング教育推進事業の流れを知らせ、学校へ周知する

内容
- プログラミング教育の目的説明
- 小松市におけるプログラミング教育の趣旨・概要およびスケジュール説明
- プログラミング教育担当者の役割について

▼1年間の流れ：担当者の役割

時期	内容	担当者の役割
5月中旬	● プログラミング教育担当者会	● 関係者への周知
8月	● プログラミング講座	● 授業パッケージ体験 ● 関係者への周知
9月	● 事前アンケート実施 ※授業パッケージ改善のため ● 授業パッケージの実施時期 決定と連絡	● アンケート配布、回収、提出 ● 科学館への申し込み ● 計画書提出（科学館、教育研究センター）
10月上旬	● プログラミング教育研修会	● 授業参観、講習会への参加 ● 関係者への周知と参加呼びかけ
10月下旬～2月下旬	● 授業パッケージ実施 ● 事後アンケート実施	● 授業パッケージ実施後、間をおかずアンケート配布、回収、提出

②プログラミング講座

目的 授業パッケージの内容を体験し、自分たちの授業に生かす

内容
- プログラミング教育の目的説明
- 授業パッケージの実演と実践
  - 理解の学習Ⅰ、Ⅱ　ICTインストラクターが教師役、研修参加者が児童役となって模擬授業形式で説明
  - 体験の学習　科学館職員が説明、研修参加者が体験

理解の学習Ⅰ：動作カード体験

理解の学習Ⅰ：教材操作説明

体験の学習：教材操作体験

③プログラミング教育研修会

目的
- 実際の授業の流れを見て、自分たちの授業に生かす
- 講師を招いての講習会を実施することで、プログラミング教育についての理解を深める

内容
- 初回実施校における理解の学習Ⅰの授業参観
- 講師による講話

授業参観の様子

講師による講話

今後の展開

2018年度は小松市内小学校23校の中から、希望のあった11校の推進校においてプログラミングの授業を実施した。授業を実践した教員からの意見や、授業実施前後に実施した児童向けの質問紙調査の結果をもとに授業パッケージの改善を行う。2020年度からの新学習指導要領実施の前に、2019年度は市内全小学校で先行実施をし、最終的な修正を加える。

この授業パッケージによるプログラミング教育を実践した後は、教科学習の中でプログラミング的思考を生かし、その教科のねらいを達成することや、課題解決を図ることができるようになることを目指していく。そのために、研究会を発足し、教科の中でプログラミング的思考を生かした授業の研究・実践をしたり、全国の好事例を収集し、市内小学校へ発信したりすることを検討している。

この授業パッケージでのプログラミング教育をうけて、さらにプログラミングに興味を持った児童に対しては、科学館での発展的なプログラミング教室を、またパソコンクラブがある学校には、プログラミングに関する情報提供をすることによって、その興味関心に応えていきたい。

参考
- リンダ・リウカス『ルビィのぼうけん　こんにちは！プログラミング』翔泳社（2016）
  https://www.shoeisha.co.jp/book/rubynobouken
- 特定非営利活動法人みんなのコード（https://code.or.jp/）
- Yahoo！キッズ　プログラミングってなに？（制作：フジテレビKIDS）
  https://kids.yahoo.co.jp/study/integrated/programming/prg001.html

協力
- 株式会社ちょもらんま（https://qomolangma.jp/）

茨城県古河市のプログラミング教育の取り組み

● 茨城県古河市

教育長	鈴木　章二
人口	約14万3000人（2018年12月現在）
児童・生徒数	約1万600人（2018年12月現在）
市立校	32校（小学校23校、中学校9校）

古河市教育委員会

自治体の特徴

古河市は、関東地方のほぼ中央、茨城県の西端に位置し、埼玉県、栃木県とも隣接している。県西地域最大の都市である。市の特徴として、江戸時代には古河城の城下町として栄えた歴史があり、農業、工業、商業が盛んである。教育面については市の最優先の施策に挙げられ、児童・生徒の学びの環境づくりの充実、推進を図っている。

古河市が目指すプログラミング教育

グローバル化の進展や急速な技術革新、そしてAI時代を生きる子どもたちにとって、新しい時代を生き抜くための必要な力の1つとして、論理的な思考力を身につけていくことが大変重要である。

古河市では、プログラミング教育において、コーディング等の技能を習得することを目的とはせず、プログラミング的思考を身につけさせることを大きな柱としている。プログラミング的思考を各教科に取り入れることで、論理的な思考つまり考え方の手順を学習する。考え方の手順を学ぶことで、子どもたちは思考の幅が広がり、さらに思考を深めながら、見通しをもって行動できるようになる。プログラミング教育に取り組んでいく中で、各教科のねらいを達成するためのプログラミング教育を行い、子どもたちの論理的な思考力の育成を目指していく。

これまでの研修の取り組み

2018年に改訂された新学習指導要領により、2020年度から、小学校でプログラミング教育が実施される。実施に向けた準備として、まずは教職員が学ぶ場である研修会を実施した。

本市の教職員の中にも、プログラミング教育について、不安に思っている教職員が多数おり、「なにをやるのか？」「どうやったらよいか？」「なにを教えるか？」「プログラミング的な思考とは？」等の不安や疑問に答えていくために、プログラミング教育に関わる研修会を実施した。

研修会のねらいとして、次の3点、①「プログラミング教育の周知」、②「プログラミング教育に対して、未経験の学校が開始できるような“きっかけづくり”」、③「プログラミング教育を始めている学校同士の情報交換」を大きな柱とした。研修会には市内外、県内外からも100名を超える参加があり、プログラミング教育への理解を深める機会となった。

プログラミング教育研修会

プログラミング教育への理解と今後の授業実践に役立てるため、授業を参観する研修の機会を設けた。学校全体で取り組んでいる古河市立大和田小学校を研修会の会場にして、全8学級の授業公開を行った。参加者は、コンピュータ（ICT機器）を用いたプログラミング教育の授業およびコンピュータを用いずに「プログラミング的思考」を育成する授業を参観し、プログラミング教育へ理解と研修を深めた。

▼プログラミング教育研修会　授業公開一覧

学年・教科・単元名・使用アプリ等	学習内容
1年：図画工作科 「発見！あたらしいなかま」 ScratchJr	「自分マーク」の色を変えたり、模様を工夫して新しい仲間を複数描いたりすることでイメージが変わる楽しさを味わう。
2年：算数科 「形を調べよう」 コンピュータを用いずに「プログラミング的思考」を育成する指導	図形の構成要素（辺・頂点・直角）の定義、性質を理解し、ベン図やフローチャートを作成し、図形を見分ける。
3年：国語科 「人物を考えて書こう」 Codeable Crafts	自分が考えた人物像が、物語のイメージに合った動きになっているか、互いに読み合い、よりよくする。
4年：算数科 「垂直、平行と四角形」 ピョンキー（Pyonkee）	ビジュアル型プログラミング言語を活用して、作図した図形の特徴をまとめることで理解を深める。
5年：家庭科 「食べて元気に」 コンピュータを用いずに「プログラミング的思考」を育成する指導	みそ汁の調理の仕方の手順を理解し、計画を立てる。
6年：総合的な学習の時間 「出発、大和田レスキュー隊」 レゴ マインドストームEV3 レゴ WeDo 2.0 ドローン	災害現場での救助に役立つロボットの動きを、ロボット教材を活用して表現する。
特別支援学級：生活単元 「大和田小を花いっぱいにしよう」 コンピュータを用いずに「プログラミング的思考」を育成する指導	花を植える順序を正しく並べ替え、活動内容を記入する。授業の後半には、実際に手順を考え、花を植えて確認する。
特別支援学級：自力活動 「大きくなあれ　わたしの野さい」 ロイロノート	ミニだいこんの観察記録を順序よくまとめる。

教科のねらいを達成するために、児童は活動の手順を考えたり、順序や繰り返しを意識したりしながら学習に取り組んだ。児童はその過程でプログラミング的思考をしており、筋道を立てて考える力を身につけていた。

また、参加した教職員からは、「プログラミング教育は、コンピュータを使って行うものと思っていたが、使用しなくても指導することができるとわかった」「プログラミング教育が、プログラミング的思考を育てる教育であることがわかった」等の声が聞かれた。今まで考えていたプログラミング教育のイメージとは異なり、いろいろな教科で取り入れられることができることを理解できたという意見が数多く挙げられた。

1年：アプリを活用し、色や模様を変化させる

2年：フローチャートを作成し図形を見分ける

5年：調理の手順を理解し、計画を立てる

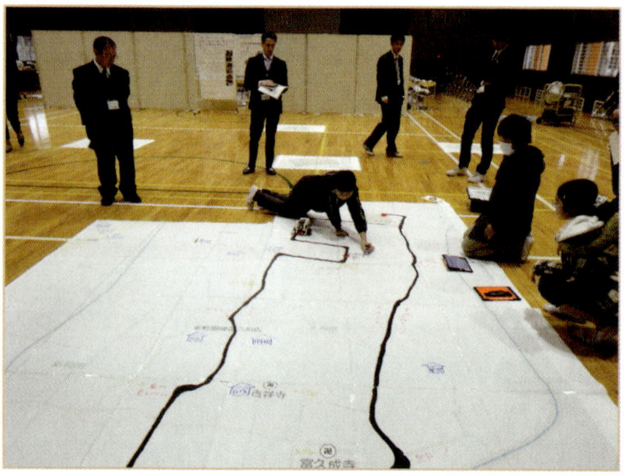

6年：ロボットの動きをロボット教材で表現

プログラミング教育フォーラム

1 模擬授業体験

プログラミング教育へのさらなる理解と授業力向上の取り組みの一環として、参加者が実際に授業を受ける体験型模擬授業の研修会を実施した。研修会に参加する教職員が、実際に児童役になり、模擬授業を受け、プログラミング教育を体験する機会とした。

古河市立大和田小学校を会場にして、大和田小学校の教職員とプログラミング教育を授業に取り入れている市内の教職員にも協力を得て、7つのコース設定を行った。参加者は事前に希望した2つのコースを前半と後半の時間に分かれて体験した。プログラミング教育を取り入れた授業を実際に体験することで、授業でどう活用することができるかを考える機会となった。

参加した教職員からは、「授業に生かせる実践例を学ぶことができ、フローチャートを用いた論理的な思考力を育てるような取り組みを行っていきたい」「知識を活用して考える場面でのプログラミング教育やコンピュータを用いずにプログラミング的思考を育成する指導を積極的に取り入れ、系統的に指導していくことが大切であることが理解できた」等の意見があり、参加者にとって、今後の授業づくりの参考となる研修会となった。

▼参加者体験型模擬授業　コース一覧

コース	学年・教科	単元名・アプリ等
A：模擬授業	1年：図画工作科	どうぶつむらのピクニック Codeable Crafts
B：模擬授業	3年：算数科	二等辺三角形の描き方 コンピュータを用いずに「プログラミング的思考」を育成する指導
C：模擬授業	4年：算数科	広さの表し方を考えよう ScratchJr
D：模擬授業	4年：音楽科	ソーラン節 GarageBand
E：模擬授業	6年：理科	水溶液の性質 コンピュータを用いずに「プログラミング的思考」を育成する指導
F：模擬授業	6年：算数科	対称な図形、拡大図と縮図 コンピュータを用いずに「プログラミング的思考」を育成する指導
G：模擬授業	クラブ活動： プログラミングクラブ	クラブ活動を体験しよう Hour of Code

3年算数科：手順に従って二等辺三角形を描く

4年算数科：参加者が広さの表し方を説明

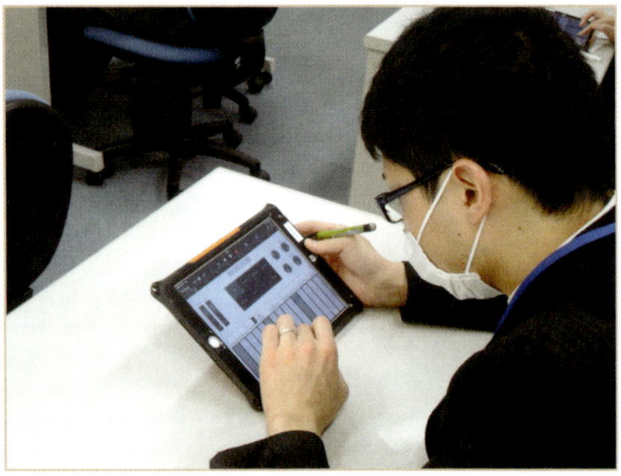

4年音楽科：タブレットで音楽を作曲

6年算数科：筋道を立てて、図形を分ける

2 市内小学校の実践発表およびパネルディスカッション

各校のプログラミング教育に関する取り組みについて、市内の小学校からお互いの実践を紹介する発表を行った。地域との交流を踏まえたプログラミング教育の推進を実践している学校からの発表があり、地域からゲストティーチャーを招いて校内研修を行ったり、クラブ活動にプログラミングを体験できるクラブを設けたりして、さまざまな形でプログラミング教育の推進を図っている実践例が紹介された。

さらに、パネルディスカッションを行い、「今後、プログラミング教育を進めていく中で、教科の目標を達成するために、どのようにプログラミング教育を進めていくか」というテーマで、ファシリテーター（茨城大学教育学部小林祐紀准教授）を中心に、パネラーだけでなく会場の参加者も参加しながら意見交換を行い、今後のヒントを得られる場となった。

研修会の後半部分では、茨城大学教育学部小林祐紀准教授の基調講演を実施した。「論理的思考力を育てるプログラミング教育」をテーマにして、これから各学校でどのように取り組み、広げていくべきか、さらには、論理的な思考力を育成するプログラミング教育の在り方について、大変貴重な研修の機会を得ることができた。

市内各小学校からの実践発表の様子

パネルディスカッションの様子

今後の古河市のプログラミング教育の展開

プログラミング教育に先進的に取り組んでいる古河市立大和田小学校の取り組みを、市内の他小学校へどのように効果的に広げていくかが課題となっている。今後、研修会等を通じて、各校で自校化できるように古河市教育委員会が中心となり進める。

また、教科の中に取り入れ、教科のねらいを達成するために、プログラミング教育の年間指導計画の作成や学習指導案の中に「プログラミング的思考」の視点を位置付け、プログラミング的思考を意識した授業づくりを行っていく。

茨城県のプログラミング教育の取り組み

● 茨城県

教育長	柴原　宏一
人口	288万6289人（2018年5月1日現在）
児童数	14万9028人（2018年5月1日現在）
小学校数	488校（国立1校、公立480校、私立7校）、義務教育学校9校

茨城県教育庁
学校教育部義務教育課

自治体の特徴

本県は関東地方の北東にあり、東には太平洋をのぞみ、北部から北西部にかけては、南北に阿武隈山地の南端部となる久慈山地・多賀山地の山々と八溝山地の山々が連なり、中央部から南西部にかけては、関東平野の一部である常総平野が広がっている。本県には44の自治体があり、水戸、県北、鹿行、県南、県西の5つの教育事務所が所管している。

プログラミング教育の現状

新学習指導要領が告示され、小学校においては新たにプログラミング教育が実施されることとなった。茨城県では、つくば市や古河市をはじめ先進的にプログラミング教育を実施している事例があるが、県としては2018年度をプログラミング教育元年と位置付け、「小学校プログラミング教育推進事業」（図1）をスタートしたところである。

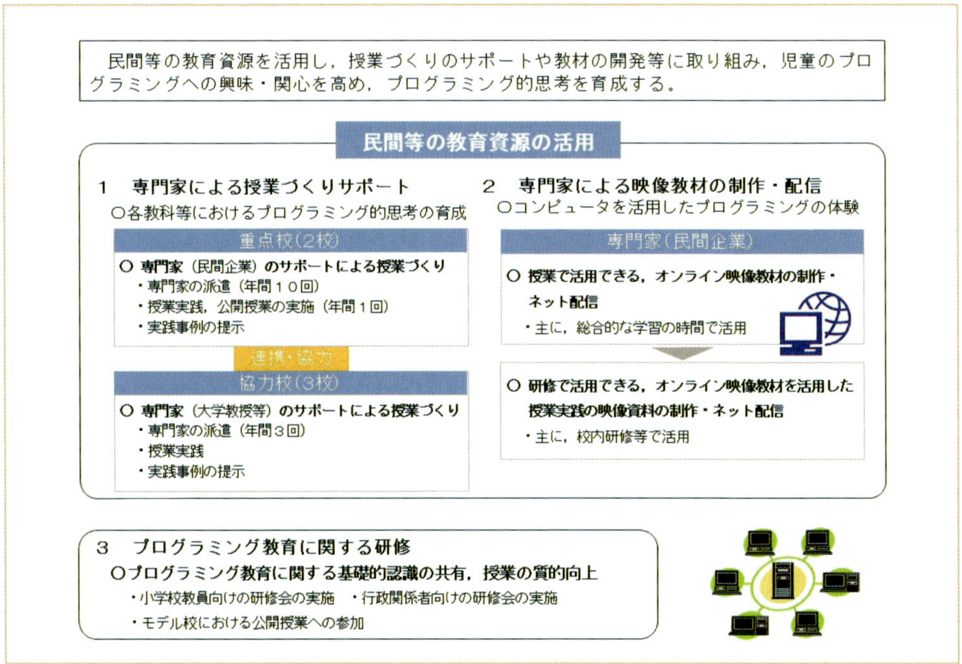

図1　小学校プログラミング教育推進事業

事業のねらいと概要

本事業は、2020年度から全面実施となる新学習指導要領に対応するとともに、「民間の教育資源を活用し、授業づくりのサポートや教材の開発に取り組み、児童のプログラミングへの興味・関心を高め、プログラミング的思考を育成する」ことをねらいとしている。内容は、次の3つである。

❶専門家による授業づくりのサポート

県内に5つのモデル校を設置し、そのうち2校を重点校、3校を協力校として位置付けた。重点校は民間企業の専門家、協力校は大学教授等と連携を図り、各教科等における「プログラミング的思考」を育成するための授業づくりのサポートを受ける。そして、公開授業や実践事例の提示により、先進的な取り組みを全県に向けて発信する。

❷専門家による映像教材の制作・配信

主に総合的な学習の時間に活用できる映像教材の制作を専門家に委託し、インターネットを通じてオンラインで各学校に配信する。

❸プログラミング教育に関する研修

県教育研修センターが、県内全公立小学校の教員1名を対象とした研修や、各市町村教育委員会担当者等、行政関係者向けの研修を実施する。さらに、前述した重点校における公開授業の開催により、授業における指導の具体的な場面について研修し、授業の質的向上を目指す。

これまでの取り組み

❶専門家による授業づくりのサポート

1 重点校の取り組み

重点校2校のうち1校は主に算数を中心とした授業づくり、もう1校は主に理科を中心とした授業づくりのサポートを受けている。それぞれの学校に、専門家が年に10回訪問する。専門家は、基本となるプログラムの例を提案したり、教科のねらいとプログラミング教育のねらいを達成するための効果的な教材の活用について教師と議論したりして、授業の流れを教師と一緒につくっている。コンピュータを活用し、ビジュアル型プログラミング言語を使った授業やセンサー等の装置がある教材を使った授業を展開しているところである（写真1・2）。

写真1　第5学年算数科「整数の性質」：ビジュアル型プログラミング言語を用いて倍数や公倍数の求め方について考えている様子

写真2　第5学年理科「流れる水の働き」：ロボット教材を活用し、グループで話し合っている様子

2 協力校の取り組み

各協力校に1名、計3名の大学教授等が協力者として、それぞれの学校に年に3回訪問し、協力校では次のようなサポートを受けた。

第1回の訪問では、大学教授等が教員研修において、指導案の検討や模擬授業等に参加し、教科におけるプログラミング的思考を育成するための授業づくりの助言等を行う。そして、第2回および第3回の訪問では、大学教授等が授業を参観し、授業の講評や今後の方向性等の助言等を行う。

授業づくりのサポートにおいては、コンピュータを用いずに「プログラミング的思考」を育成する指導についても検討を行い、実践した取り組みもある。1つの例として、付箋や短冊、ワークシート等を活用し、必要な要素を分けて考えたり、組み合わせたりする等の活動が行われた（写真3）。また、児童は、問題を解決するために、グループによる話し合いを行い、自分が意図した動きになっているかを確認するなどして、付箋や短冊に記入した内容の手順を考え直したり、他者の意見を基に説明を加えたりしていた（写真4）。

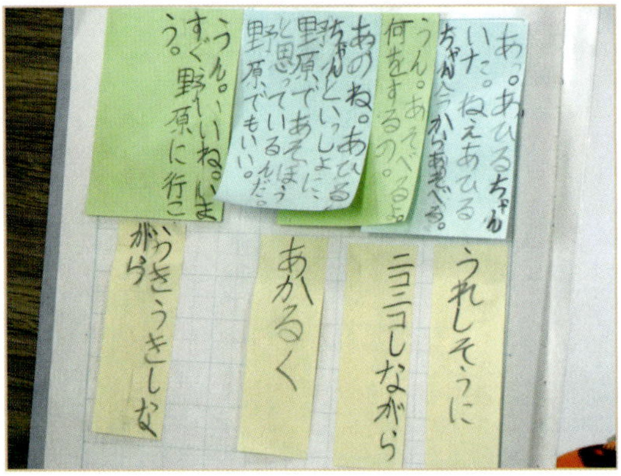

写真3　2年国語科「絵を見てお話を作ろう」：話の組み立てを考え、話を書く場面

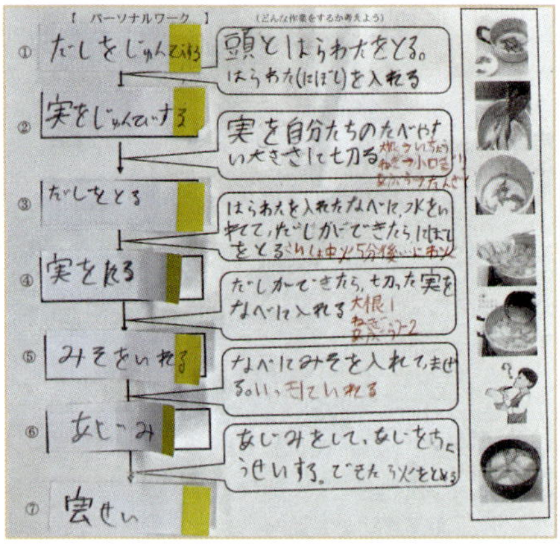

写真4　5年家庭科「おいしいみそ汁の作り方」：付箋を用いて手順を考えたワークシート

❷専門家による映像教材の制作・配信

民間企業と県教育委員会が連携し、教材開発プロジェクトを立ち上げた。映像教材を見ながら、コンピュータを活用したプログラミングの体験ができる内容とし、導入編、基礎編、実践編と段階的に学べるように構成している（図2）。

主に小学校5年生の児童が総合的な学習の時間において、習熟の段階ごとに映像教材を視聴しながら、プログラミングの考え方やプログラムの作り方などについて学ぶ構成となっています。

	構成		内容	時間
1	導入編	プログラミングってなんだろう	・プログラムと私たちの生活との関係 ・なぜプログラミングを学習するのか ・プログラミング的思考とは	7分
2	基礎編	スクラッチの使い方	・プログラムをつくる主なソフトウェアを紹介 ・Scratchの機能や操作方法について	10分
3		「順次」	・「順次」とは何か？順次処理の考え方 ・順次処理を活用したプログラムの作り方について	10分
4		「条件分岐」	・「条件分岐」とは何か？条件分岐の考え方 ・条件分岐を活用したプログラムの作り方について	10分
5		「繰り返し」	・「繰り返し」とは何か？繰り返し処理の考え方 ・繰り返し処理を活用したプログラムの作り方について	10分
6	実践編	ひみつの数はなーんだ？	・数あてクイズを作成 ・トライアンドエラーの繰り返しによる問題解決の重要性 ・活動やプログラムの結果の振り返り	10分

図2　教材の構成（提供：株式会社内田洋行）

それぞれの学習のねらいは次のとおりである。

1 導入編

- コンピュータやプログラミングと私たちの生活とのつながりについて考える。
- 身の回りにある「プログラミング」に気づく。
- プログラミングを学ぶことの必要性を理解し、興味・関心を高める。

2 基礎編

- Scratchの基礎的な機能や操作方法を学習する。
- プログラムの流れには「順次」「条件分岐」「反復」があることを理解する。
- 手順を明確化し効率的に自分たちが考える動きの仕組みを体験し理解する。

3 実践編

- 他者のアイディアや意見から新しいプログラムや工夫に気づく。
- 仲間との試行錯誤や学び合いを通して、問題解決に取り組むことの重要性を学ぶ。
- 活動の振り返りにより、日常の学習においてもプログラミング的思考を意識させる。

制作上のポイント（図3）に示すように、民間企業の強みを生かした構成・展開となっている。

制作した映像教材については、各小学校に周知し、授業や研修等でいつでも活用できるようにする予定である。

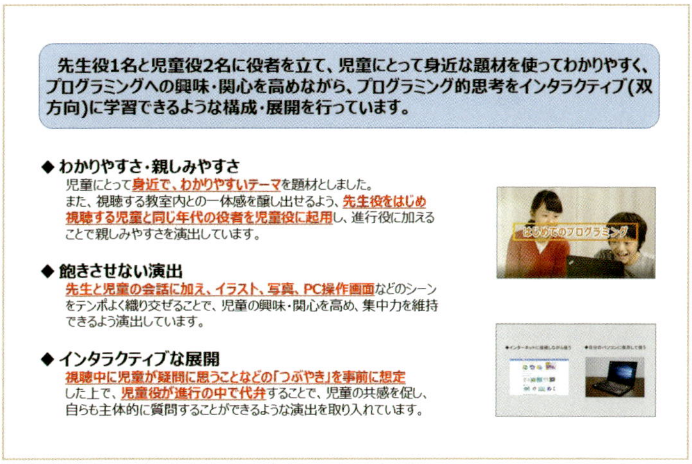

図3　制作上のポイント（提供：株式会社内田洋行）

❸プログラミング教育に関する研修

1 小学校教員向けの研修

県教育研修センター情報教育課が中心となり、「小学校段階におけるプログラミング教育研修講座」を行った（写真5）。

写真5　研修の様子

研修の目的は、「講義、演習を通して、プログラミングを体験しながらプログラミング的思考を身につけるための学習活動について理解を深めるとともに、小学校段階におけるプログラミング教育に関する知識と技術を習得し、指導力の向上を図ること」である。計511名の小学校教員が受講し、受講者からは、次のような感想が寄せられた。

「各教科等の指導の充実を図るのに有効な手段であるということがよくわかりました。子どもたちは、プログラミング教育を通して、より深い学びができるようになると思います」
「実際に教材に触れながら研修ができ、授業の具体的なイメージを深めることができました。意義や育てたい児童像についても理解でき、本校での取り組みを進める上での助けとなりました」
「プログラミング教育の目的や学習指導での実際の指導法が学べて参考になりました。学校でも本日の内容を研修で伝えて、児童のために役立てたいと思います」

2 行政関係者向けの研修

県教育研修センター情報教育課と連携し、「ICT環境整備やプログラミング教育に関する講義や協議、演習等の研修を通して、児童生徒の学習活動の充実に向けたICT環境整備を推進するとともに、学校現場における教員の指導力の向上を図る」ことを目的とした研修会を実施した。対象は、各市町村教育委員会の情報教育担当指導主事および予算編成に携わるICT環境整備担当職員である。

この研修では、ICTを効果的に活用している事例やプログラミング教育に先進的に取り組んでいる事例について代表自治体による発表、情報セキュリティに関する講義等もあわせて実施した。

3 国際情報オリンピック日本大会応援事業「茨城県小・中学生プログラミングプレゼンテーションおよび教員研修」

前述した「小学校プログラミング教育推進事業」に加えて、国際情報オリンピック日本大会応援事業「茨城県小・中学生プログラミングプレゼンテーションおよび教員研修」※を実施した。これは、2018年9月に日本初開催となる国際情報オリンピックが本県で行われることから、機運醸成を図るとともに、プログラミング教育を推進するための絶好の機会として捉え、実施したものである。

当日は、県内全公立小・中学校の教員および県外からも教育関係者が参加し、あわせて1000人を超える研修会となった。この研修では、小・中学生によるプログラミングのプレゼンテーション（写真6）や大学教授等による講演、教員がプログラミングを実際に体験するなどして、プログラミング教育に必要となる指導力について学び合った。参加者からは、次のような感想が寄せられた。

「研修を通して、これからの教育がどのように進んでいくのかを学ぶことができました。また、講演後にプログラミングを体験したことで、子どもたちと同じ目線に立ってこれからの授業について考えることができました」（小学校教員）
「プログラミング教育の必然性を、基調講演から捉えることができました。先進的に取り組む学校の児童生徒のプレゼンテーションを受け、中学校における役割や位置付けは何か考えるよい機会となりました」（中学校教員）
「プログラミングをどの教科、どの場面、どのように指導すればよいのかという現場の悩みについて、好事例を集めて紹介したり、どんな教材・教具を整備すればよいかを明確にしたりしていくことが急務だと感じました」（指導主事）

※ 概要については、『視聴覚教育』第72巻　8号（一般財団法人日本視聴覚教育協会）参照。

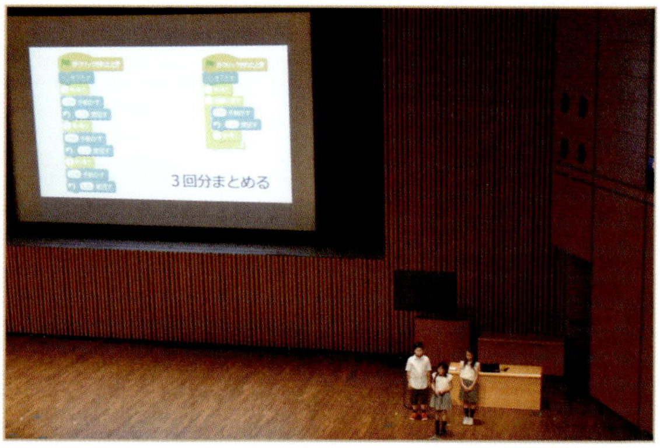

写真6　4年算数科の図形：プログラミング言語「Scratch」を用い、正三角形の性質、かき方について学習した様子や成果の発表の様子

課題と今後の展望

新学習指導要領では、基本理念として「社会に開かれた教育課程」が示された。学校は、これからの社会を生き抜く子どもたちに必要な資質・能力を家庭や地域・社会と共有し、連携・協働して子どもたちの学びを支えていくことが求められる。

特に、プログラミング教育の円滑な実施にあたっては、教育課程の内外を問わず、外部人材や文部科学省と総務省、経済産業省が連携して、教育・ICT関連の企業・団体とともに設立した「未来の学びのコンソーシアム」が運営するWebサイト（https://miraino-manabi.jp/）等を積極的に活用し、研修や教材研究等の準備を計画的に進めることが有効であると考える。

今後、小学校プログラミング教育の円滑な実施に向けて、次のことを推進していく必要がある。

- 本県がこれまで取り組んできた事業におけるモデルとなる事例および課題について、研修等を通して周知し理解を図る。
- 実践事例および映像教材を全県に発信後、各小学校におけるプログラミング教育のねらいを実現するための授業づくりの教員研修を実施するよう促していく。

今後は、本事業の成果や課題を詳細に分析しながら、プログラミング教育を円滑に実施できる環境づくりに努めるとともに、教員の指導力向上を支援していきたい。

引用文献
3 国際情報オリンピック日本大会応援事業「茨城県小・中学生プログラミングプレゼンテーションおよび教員研修」の記載については、『視聴覚教育』第72巻　8号（一般財団法人日本視聴覚教育協会）pp.4-7.にて執筆した内容と同様。

小学校プログラミング教育の研修パッケージ

小林　祐紀　茨城大学

本章では、第一筆者が中心となって開発した小学校プログラミング教育の研修パッケージについて紹介します。各研修パッケージは3つのコンテンツ（提示用スライド、解説付き提示用スライド、研修の手引き）から構成されています。すべてのコンテンツは、ウェブサイトより自由にダウンロードできます。研修内容に応じて、利用してください。

なお、各研修パッケージの内容は、随時更新されていきますので、ご使用の際はご注意ください。

初回向け小学校プログラミング教育の研修パッケージ

ダウンロードURL　https://dproject-ibaraki.sakura.ne.jp

この研修パッケージは初回向けに特化した内容となっています。初回向けであるからこそ、少し長めの時間（およそ90分）をかけて実施することで、以下の5つの内容を網羅できる点が特徴です。

1. 小学校プログラミング教育の概要
2. 『ルビィのぼうけん』※に収録されている3つのプログラミング的思考の体験
3. 実践事例の紹介
4. 小学校プログラミング教育で実際に使用されそうな教材（アプリ）の体験
5. 授業イメージを膨らませるための参加者同士のディスカッション

タイトな時間管理が求められますが、初回の研修だからこそ広く浅く実施することが必要な場合があります。

初回向け研修パッケージのコンテンツ

研修パッケージは以下の3つのコンテンツから構成されています。

※ リンダ・リウカス『ルビィのぼうけん　こんにちは！プログラミング』翔泳社　https://www.shoeisha.co.jp/book/rubynobouken/

提示用スライド

研修の目的、小学校プログラミング教育の導入に至る経緯、3つのプログラミング的思考の説明、3種類の実践事例、演習の際の指示や説明等が示されている提示用スライドです。

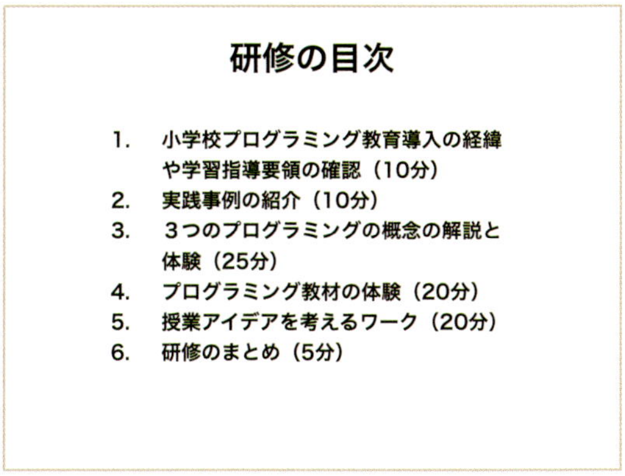

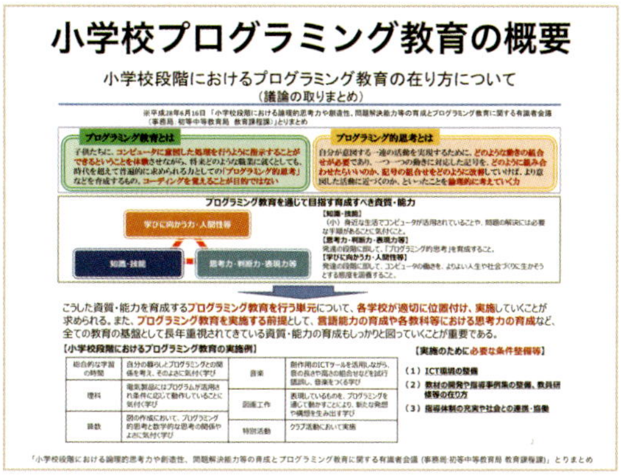

研修スライドの例

解説付き提示用スライド

提示用スライドを示した際の指示、発問、説明、または提示用スライドに示されている言葉に対する付加情報が記載されている解説付き提示用スライドです。

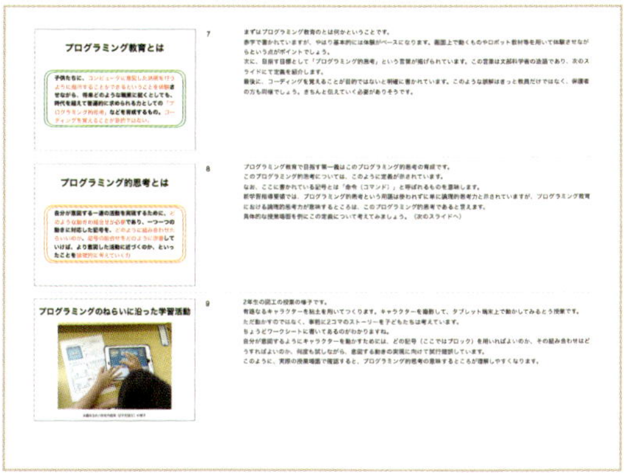

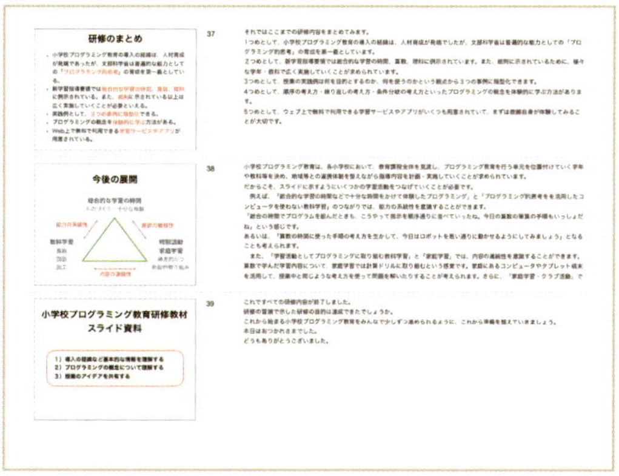

解説付き研修スライドの例

研修の手引き

研修企画者が、研修の事前や最中に、時間配分、研修内容、研修のポイント、準備物等を確認するための手引きです。

小学校プログラミング教育研修の手引き（研修講師用）

（1）研修時間	９０分（６つのセッションから構成）
（2）タイプ	[●]Ａ：理論解説　[●]Ｂ：議論　[●]Ｃ：参加体験
（3）準備物	研修講師用： スライド資料を投影するめの大型提示装置、コンピュータ 参加者用： メモ用紙（概念の体験で使用）、プログラミング教材を体験するための準備（コンピュータ、iPad 等共にインターネットへの接続環境が必要）ホワイトボード（A3 サイズの用紙でも可、授業アイデアを考えるワークで使用）

（4）流れ　［４５分］

時	主な活動内容	主な留意点
開始前	※アイスブレーク	※４人１グループを構成しておく。 ・参加者同士が自己紹介を行う。 ・グループファシリテーター（GF）を決めておくと円滑に進められる。
10分	①小学校プログラミング教育導入の経緯や学習指導要領の確認を行う。	・総則にも書かれていることから、例示された教科以外での取組も必要になることを伝える。
10分	②実践事例の紹介を聞く。	・有償のプログラミング教材について実売価格を把握しておくと良い。 ・3 つに事例の違いについて強調する。
25分	③３つのプログラミングの概念の解説と体験を行う。	・体験活動は身体を動かし、楽しみながら行えるようにする。 ・ペアが確保できない場合は 3 人でも可とする。
	体験の感想を交流する。	・スライドに示した観点を中心に感想を交流する（スライド２８）。 ・観点以外にもどんどん感想を交流することを促す。 ・GF を中心に進めることを確認する。 ・感想交流の時間は 3 分～5 分程度。
20分	④プログラミング教材を体験する。	・時間の都合上体験する教材は 1 つが好ましい。 ・効率よく進めるために、事前にアプリや教材のインストールをしておくと良い。 ・操作説明はできる限り短く行い、体験活動の時間を十分に確保できるように留意する。 ・研修講師は事前に体験しておくことが望ましい。
	体験の感想を交流する。	・スライドに示した観点を中心に感想を交流する（スライド３３）。 ・観点以外にもどんどん感想を交流することを促す。 ・GF を中心に進めることを確認する。 ・感想交流の時間は 3 分～5 分程度。
20分	⑤授業アイデアを考えるワークに取り組む	・これまでの事例紹介、体験等を通じて、授業アイデアを考えるように促す。 ・教科・領域だけではなく、日常的な取組や隙間時間のアイデアでもかまわないことを伝える。 ・ブレインストーミングには４つのルール（「どんな考えも受容する（批判しない）」「自由に発言する」「質よりも量を重視する」「アイデア同士を積極的につなげる」）があることを伝える。 ・GF はホワイトボードなどにメモするように促す。
	アイデアを全体交流する。	・2～3 のアイデアを GF が報告するように伝える。
5分	⑥研修のまとめを行う。	・赤字の部分を強調しながら説明する（スライド３７）。 ・これから少しずつ、できるところから取り組んでいきましょうと呼びかけ、意欲の継続性を図る。

（5）研修に関する参考書籍

文部科学省（2018）小学校プログラミング教育の手引き（第二版）．
小林祐紀，兼宗進（編著・監修）(2017) コンピューターを使わない小学校プログラミング教育 “ルビィのぼうけんで育む論理的思考”．翔泳社．
小林祐紀，兼宗進，白井詩沙香，臼井英成（編著・監修）(2018) これで大丈夫！小学校プログラミングの授業 3+αの授業パターンを意識する．翔泳社．
ドリトル
https://dolittle-es.eplang.jp（2018 年 10 月 5 日確認）
プログラミン
http://www.mext.go.jp/programin/（2018 年 10 月 5 日確認）
Swift Playgrounds
https://www.apple.com/jp/swift/playgrounds/（2018 年 10 月 5 日確認）

研修の手引きの例

※ 初回向け小学校プログラミング教育の研修パッケージの開発には、公益財団法人日本教育公務員弘済会より平成30年度日教弘本部奨励金の助成を受けました。

組み合わせて活用できる小学校プログラミング教育の研修パッケージ

ダウンロードURL　https://www.shoeisha.co.jp/book/download/9784798159461

この研修パッケージは、1つの研修をユニットとして、研修参加者のニーズに応じて、複数の研修を組み合わせて活用できることが特徴です。

小学校プログラミング教育を着実に実施するためには、プログラミング教育に対する正しい理解、授業イメージの獲得、プログラミング教材の活用スキル向上が必要不可欠です。具体的には、プログラミング的思考を学ぶ体験型研修、小学校プログラミング教育導入の背景を理解する講義型研修、授業イメージ獲得のために参加者同士が議論する参画型研修、プログラミング教材の操作体験研修を用意しています。先述した通り、各研修パッケージは3つのコンテンツ（提示用スライド、解説付き提示用スライド、研修の手引き）から構成されています。

最も短い時間で実施可能な研修は15分程度ですので、夏季休業中や冬季休業中以外の学期期間中にも実施可能です。内容の異なる研修を複数回実施することで、研修転移を目指します。

プログラミング教育導入の背景や世界動向を知るための研修

小学校プログラミング教育を着実に実施するためには、なぜプログラミング教育が必要なのかを理解することが欠かせません。「小学校プログラミング教育の手引（第二版）」「諸外国におけるプログラミング教育に関する調査研究」等の公式文書をもとにした講義形式の研修です。

開発主担当　中川　一史

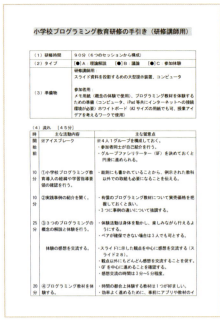

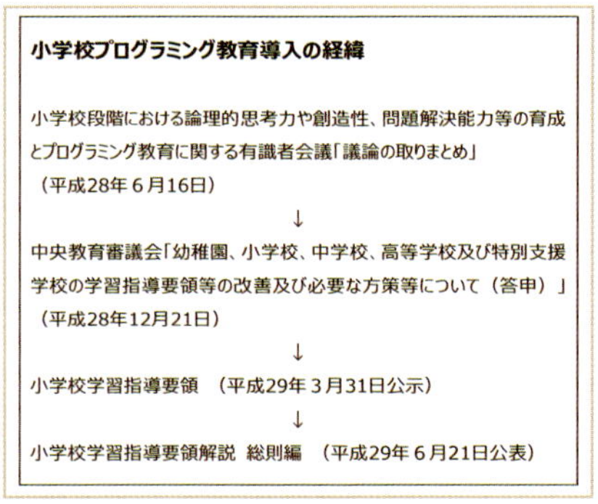
小学校プログラミング教育導入の経緯

小学校段階における論理的思考力や創造性、問題解決能力等の育成とプログラミング教育に関する有識者会議「議論の取りまとめ」
（平成28年６月16日）
↓
中央教育審議会「幼稚園、小学校、中学校、高等学校及び特別支援学校の学習指導要領等の改善及び必要な方策等について（答申）」
（平成28年12月21日）
↓
小学校学習指導要領　（平成29年３月31日公示）
↓
小学校学習指導要領解説 総則編　（平成29年６月21日公表）

小学校プログラミング教育導入の経緯
※ 小学校プログラミング教育の手引（第二版）p.8より。

Society 5.0を紹介するウェブサイト（政府広報）
https://www.gov-online.go.jp/cam/s5/

プログラミング的思考を体験的に学ぶ研修

『ルビィのぼうけん』（前掲）やコンピュータサイエンスアンプラグドの考え方を援用して、「順次処理」「反復処理」「分岐処理」の３つの考え方ごとに15分程度で実施できる体験型の研修です。

開発主担当 小林　祐紀

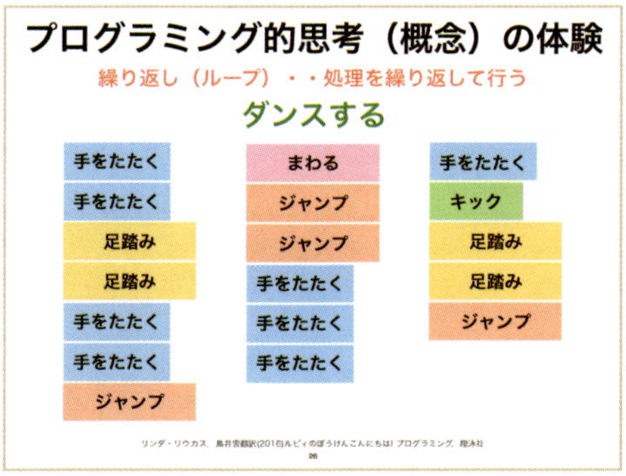

「反復処理」の考え方を体験するための提示用スライド

「反復処理」を体験している様子

教育実践について理解する研修

これまで出版したり、研究発表したりしてきた教育実践をもとに、小学校プログラミング教育の実践事例や授業の実施の際のポイントについて理解する研修です。 **開発主担当** 小林　祐紀

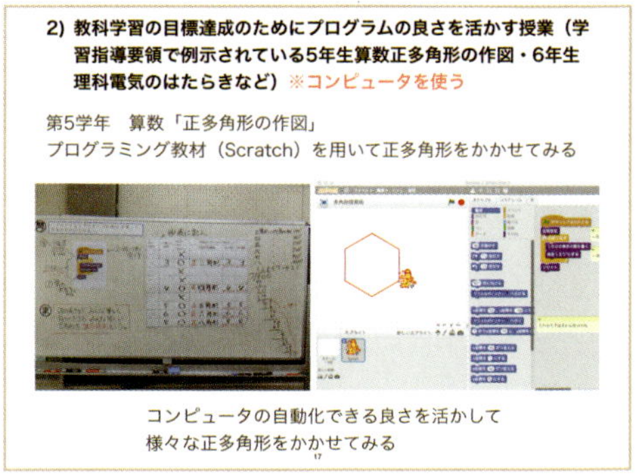

教育実践について解説するための提示用スライド例

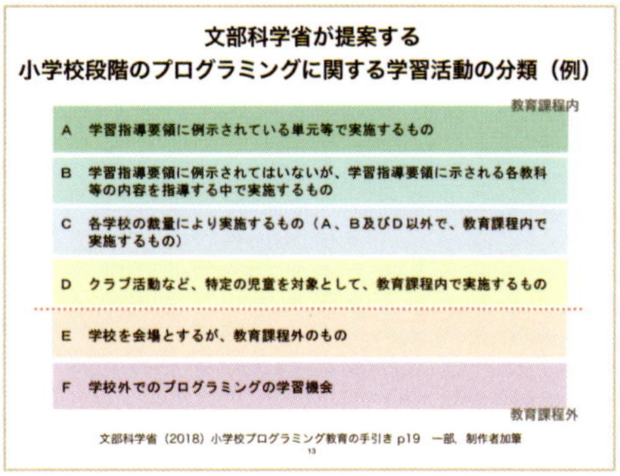

文科省が示している学習活動の分類（提示用スライドより）

プログラミング教材（ICT）の操作研修

単なる操作体験だけでなく、指導の際の留意点等も把握できるように留意した研修です。プログラミング教材には、新学習指導要領で例示のある理科で活用できる「アーテックロボ」および無料で使用でき質の高い教材を提供している「Scratch 3.0」を採用しています。

開発主担当　村井　万寿夫

体験型の研修はScratch3.0に対応している（提示用スライドより）

プログラミング教材を体験している様子

授業イメージ獲得のためにディスカッションを採用した研修

授業イメージの獲得には、様々な教員経験を持った教員同士の協働が重要であると言われています。そこで、ディスカッションを通じて実践可能な教科および単元、さらには具体的な授業方法のイメージ獲得を意図した研修です。なお、研修企画者がディスカッションをコーディネートできるように、プログラミング教育の授業化に向けたポイントを示すように配慮しています。

開発主担当　佐藤　幸江

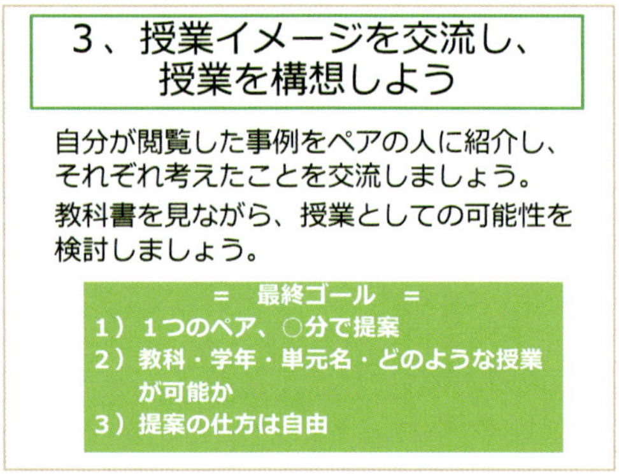

授業づくりについて解説するための提示用スライド例

授業づくり研修の様子

※ 組み合わせて活用できる小学校プログラミング教育の研修パッケージの開発には、科学研究費（課題番号 18K02853、代表：小林祐紀）の支援を受けました。

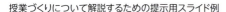

プログラミング関連教材リスト

プログラミング教材

Blockly Games p.46
https://blockly-games.appspot.com/

Codeable Crafts p.91 p.93
https://www.codeablecrafts.com/

CodeMonkey p.46
https://codemonkey.jp/

GarageBand p.93
https://www.apple.com/jp/mac/garageband/

Hour of Code p.46 p.93
https://hourofcode.com/jp

IchigoJam p.44
https://ichigojam.net/

Makey Makey p.42
Makey Makey Classic
Makey Makey STEM Pack
https://makeymakey.com/

micro:bit p.54 p.64 p.74 p.78 p.80
https://microbit.org/ja/

Ozobot p.52 p.74 p.78
https://www.ozobot.jp/

PETS p.52 p.66
https://4ok.jp/pets/

Scratch p.46 p.50 p.56 p.64
https://scratch.mit.edu/

ScratchJr p.46 p.48 p.76 p.91 p.93
https://www.scratchjr.org/

Sphero SPRK+ p.80
https://edu.sphero.com/

Swift Playgrounds p.72
https://www.apple.com/jp/swift/playgrounds/

Tynker p.66
https://itunes.apple.com/jp/app/tynker/id805869467

アーテックロボ
アーテックロボ アドバンス p.32
ロボットプログラミングセット
（スタディーノではじめるうきうきロボットプログラミング） p.57
https://www.artec-kk.co.jp/artecrobo/ja/product/

Studuino ソフトウェア Windows版
（Studuino プログラミング環境） p.32
https://www.artec-kk.co.jp/studuino/ja/

ドリトル p.46 p.48
https://dolittle.eplang.jp/

ビスケット（viscuit） p.52
https://www.viscuit.com/

ピョンキー（Pyonkee） p.30 p.91
https://www.softumeya.com/pyonkee/ja/
https://itunes.apple.com/jp/app/id905012686

プログラミン※ p.46 p.54 p.64 p.80
http://www.mext.go.jp/programin/

プログル p.46
https://proguru.jp/

レゴ WeDo 2.0 p.38 p.40 p.91
https://education.lego.com/ja-jp/product/wedo-2

レゴ マインドストーム EV3 p.68 p.85 p.91
https://education.lego.com/ja-jp/product/mindstorms-ev3

「ルビィのぼうけん」ワークショップ・スターターキット
https://www.shoeisha.co.jp/book/rubynobouken/kit

授業支援教材

NHK for School p.74
https://www.nhk.or.jp/school/

ジャストスマイル8 p.74
https://www.justsystems.com/jp/products/justsmile/

ロイロノート p.58 p.91
https://n.loilo.tv/ja/

※ プログラミンはAdobe Flash Player上で動作します（Adobe Flash Playerは2020年12月31日に提供・サポート終了予定）。

プロフィール：編著・監修、研修事例執筆、Column執筆

※ 所属および職務等は本書執筆時点のものです。

編著・監修

小林　祐紀（こばやし　ゆうき）　茨城大学教育学部 准教授

金沢市立安原小学校教諭を経て2015年4月より現職。専門は教育工学、情報教育、ICTを活用した実践研究。茨城県内各地、全国各地にてICT活用、放送教育、小学校プログラミング教育に関する研修講師を多数経験。

編著・監修『コンピューターを使わない小学校プログラミング教育“ルビィのぼうけん”で育む論理的思考』『これで大丈夫！　小学校プログラミングの授業　3＋αの授業パターンを意識する［授業実践39］』（いずれも翔泳社）、執筆「特別活動：クラブ活動におけるプログラミング教育の実践試案」『教育の最新事情と研究の最前線』（福村書店）ほか。

兼宗　進（かねむね　すすむ）　大阪電気通信大学工学部 教授

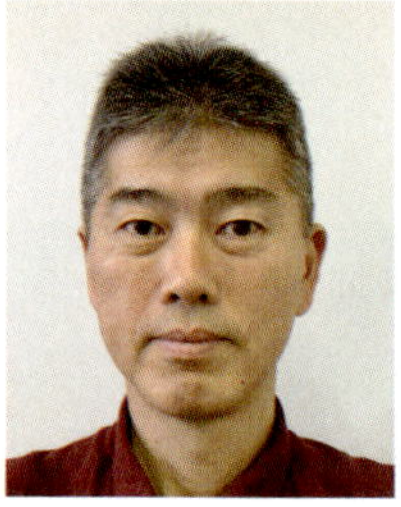

民間企業、一橋大学准教授を経て、2009年から現職。専門はプログラミング言語、データベース、情報科学教育。文部科学省の情報教育や小学校プログラミング関係の委員を歴任。教育用プログラミング言語「ドリトル」の開発や、コンピュータサイエンスアンプラグドの実践などを通して情報科学教育を研究している。

翻訳『コンピュータを使わない情報教育アンプラグドコンピュータサイエンス』（イーテキスト研究所）、編著・監修『コンピューターを使わない小学校プログラミング教育“ルビィのぼうけん”で育む論理的思考』『これで大丈夫！　小学校プログラミングの授業　3＋αの授業パターンを意識する［授業実践39］』（いずれも翔泳社）ほか。

中川　一史（なかがわ　ひとし）　放送大学 教授

博士（情報学）。日本STEM教育学会（副会長）、日本教育メディア学会（理事）。文部科学省「学校におけるICT環境整備の在り方に関する有識者会議」（副座長）、文部科学省「デジタル教科書の効果的な活用の在り方等に関するガイドライン検討会議」（座長代理）などを歴任。

監修「小学校プログラミング教育導入支援ハンドブック」（ICT CONNECT21）、D-project（一般社団法人デジタル表現研究会）会長、ICT夢コンテスト審査委員長。光村図書小学校国語教科書編集委員、日本文教出版高等学校情報教科書編集委員。

研修事例執筆

宍田　八郎（ししだ　はちろう）　鳥取大学附属小学校 教諭

鳥取大学教育学部卒業。鳥取県の公立小学校、北京日本人学校などの勤務を経て現職。各学校で情報教育を担当し、校内のICT環境の整備からICT活用授業の推進に取り組む。鳥取県教育センターでプログラミング教育の研究をし、現在はプログラミング教育担当として全校体制でのプログラミング教育を推し進めている。大規模・小規模・海外など多様な学校環境のもとで、ICTを活用した学びを手軽に取り組むための方法を研究している。

広瀬　一弥（ひろせ　かずや）　**京都府亀岡市立東別院小学校 教諭**

信州大学教育学部小学校教員養成課程技術専攻卒業。京都府の公立小学校勤務を経て、2016年度より現職。専門は技術科教育・情報教育。日本デジタル教科書学会研究委員会研究委員長。京都府小学校教育研究会情報教育部専門研究員。これまでの在籍校では、電子黒板活用、言語活動の充実、活用型学力の育成などを研究主任して取り組んできた。現任校では、小規模校でのICTを活用した教育活動について研究を進めている。

山本　純（やまもと　じゅん）　**埼玉県久喜市立太田小学校 教諭**

青山学院大学卒業後、埼玉県公立小学校教諭として勤務し11年目。プログラミング教育については、今年度より委嘱を受け暗中模索しながらも、様々な方々にアドバイスをいただきながら、「チーム太田」として全職員で力を合わせて研修を進めている。スノボ、温泉、公園遊びに行くことが息抜き。昨年、セブ島で4歳の息子と一緒に初めてシュノーケリングすることができ、成長を実感。

川澄　陽子（かわすみ　ようこ）　**茨城県那珂市立横堀小学校 教諭**

茨城県出身、民間企業を経て2003年に茨城県公立学校教員に採用。2017年、本市に異動。校内では、情報教育主任として、教師や児童がICT機器を有効活用できるための授業研究や、職員への提案を行っている。また、プログラミング教育浸透に向けて、研修や授業実践に取り組んでいる。

桑島　有子（くわじま　ゆうこ）　**東京都荒川区立第二日暮里小学校 教諭**

立教大学文学部教育学科卒業、東京都公立小学校の図画工作専科教諭。現在、研究主任を務め、プログラミング・ICTを活用した授業を研究している。また、校内では司書教諭として学校司書と連携しながらプログラミング教育に関する図書資料や環境の整備に力を入れている。

阪上　吉宏（さかがみ　よしひろ）　**株式会社エデュテクノロジー 代表取締役**

上智大学卒業後、2001年にサン・マイクロシステムズに入社。大手金融機関、大手通信事業者の基幹システム導入に携わる。2007年にはAppleに転職し、文教市場の市場開発に従事。2014年1月に独立し、株式会社エデュテクノロジーを起業。主に教育委員会や学校へのタブレットをはじめとしたICT導入支援を実施。現在、淡路市教育委員会／関西大学中等部・高等部ほかを支援中。

喜多　由紀（きた　ゆき）　**石川県かほく市立高松小学校 校長**

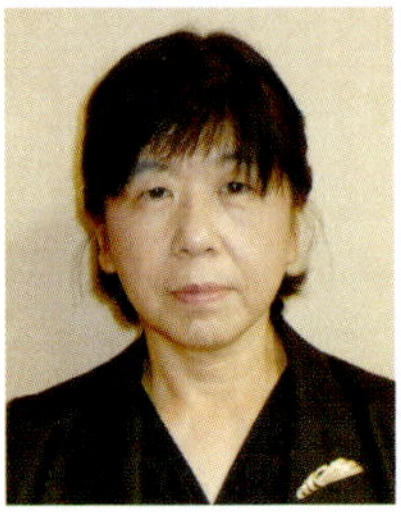

二松学舎大学国文学科卒業。石川県の公立中学校で国語科教師として勤務し、「伝え合う」・「生活の中の言語」を研究テーマに、ICT活用を取り入れた授業実践を重ねる。校長として初めて小学校を経験し、「子どもたちが楽しく学ぶために」と、県内外の大学や企業等と連携しながらプログラミング教育・哲学・食育・防災教育を推進中。子どもたちの目がキラキラ輝くだろうと思うことは、とにかく体験させてみたい。

間下　英信（ましも　ひでのぶ）　**茨城県取手市立高井小学校 教諭**

福島大学教育学部卒業。茨城県内の公立小学校、中学校、ロンドン日本人学校を経て2013年より現職。教職の傍ら、放送大学科目履修生、茨城大学教育学部内地留学生として研鑽を積む。小、中、高、特別支援、司書教諭の免許を有し、専門は国語科教育だが、茨城県理科教育中核教員にも認定され、校種や教科の枠を超えたICT教育の推進を図る。現在は、教務主任として、校務の情報化により効率化を促進し、教員のICTスキル向上にも力を入れている。

清水　匠（しみず　たくみ）　**茨城大学教育学部附属小学校 教諭**

茨城大学教育学部卒業、鳴門教育大学大学院学校教育研究科修了。茨城県の公立中学校勤務を経て現職。専門は音楽科教育で、全国組織の学会理事を務める傍ら、県内音楽科教員のネットワーク構築を目指す。校内では、研究主任・副教務として学校全体の研究を県内・全国に発信する中で、ICT 活用・プログラミング教育の実践を積み重ね、各種セミナーや校内研修講師として成果を共有している。使用ありきではない「ねらい達成のための手立てとしてのICT活用」をモットーに研究中。

山口　眞希（やまぐち　まき）　**石川県金沢市立大徳小学校 教諭**

金沢大学教育学部卒業、放送大学大学院修士課程情報学プログラム修了。石川県内公立小学校勤務を経て、2016年度より現職。研究主任。放送大学大学院博士後期課程に在籍。現在は金沢市プログラミング活用人材育成検討委員、金沢市教委プログラミング教育検討委員、NHK教育番組の番組委員、JAPET&CEC情報教育対応教員研修講師等を務め、全国各地で模擬授業やワークショップを行っている。

藤原　晴佳（ふじわら　はるか）　**茨城県つくば市立春日学園義務教育学校 教諭**

茨城県の公立小学校勤務。前任校にて、文科省よりプログラミング教育実証校に指定され、プログラミング教育やICT教育の研究を行ってきた。現在、NHKファシリテーターや市のICT教育推進委員を務めるなど、さらに研究を深め、校内外のプログラミング教育推進に取り組んでいる。コンピュータを使うプログラミングから、コンピュータを使わないプログラミングまで、幅広く研究を進め、無理なく楽しくできるプログラミングを目指している。

平井　聡一郎（ひらい　そういちろう）**株式会社情報通信総合研究所 特別研究員**

茨城大学教育学部卒業、茨城県の公立小中学校教諭、総和町教育委員会、茨城県教育委員会指導主事を経て、中学校教頭、小学校校長を経験後、古河市教育委員会参事兼指導課長を最後に早期退職して現職。ICT機器活用を通した授業改革、LTEタブレットとクラウドプラットフォームを基盤とした機器整備モデルの確立に取り組んできた。文部科学省、総務省のICTに関する各種委員を歴任。現職では小学校におけるプログラミングの普及に取り組んでいる。

福田　晃（ふくだ　こう）**金沢大学附属小学校 教諭**

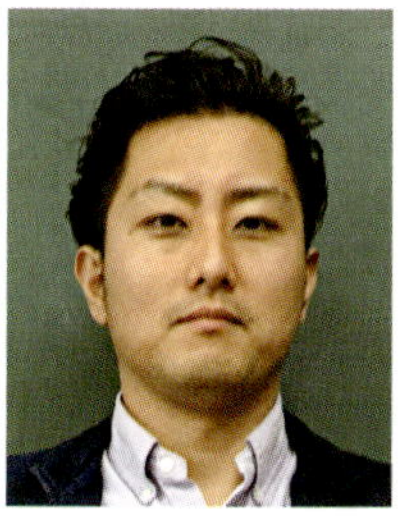

金沢大学教育学部人間環境過程情報教育コース卒業、金沢大学大学院教育学研究科教育実践高度化専攻修了。石川県公立小学校教諭を経て、2017年より現職。石川県教育工学研究会にける研究部長を務めており、D-projectなど全国規模の研究会を県内において開催している。Society5.0に向け、「社会とつながるリアルな学び」を実現する授業を目指している。

仲見川　康隆（なかみがわ　やすたか）**茨城県古河市立大和田小学校 教諭**

千葉大学教育学部卒業。茨城県の公立小中学校勤務を経て、2016年から現職。専門は算数・数学教育。ICT機器を効果的に活用した授業の実践を目指している。プログラミング教育に関しては、教科のねらいを効果的に達成するためのツールとして活用した指導の工夫に取り組んでいる。また、動画配信をしたり他市町村での講師を務めたりして実践事例を紹介するなど、2020年度の全面実施に向けて積極的に研究・実践を行っている。

Column執筆

村井　万寿夫（むらい　ますお）**北陸学院大学 教授**

北陸学院大学人間総合学部子ども教育学科教授。明星大学大学院博士後期課程修了。博士（教育学）。専門は教育工学、教育メディア学、コンピュータ利用教育学、教科教育学、総合的学習教育学。大学においては教職課程科目を担当し、教員を志望する学生の指導にあたっている。日本教育工学協会理事。石川県教育工学研究会長。石川県内外の小中学校教員とともにメディアや情報機器を活用した、わかる授業のあり方について研究している。

佐藤　幸江（さとう　ゆきえ）**金沢星稜大学人間科学部 教授**

横浜国立大学大学院教育学研究科修了。2013年横浜市公立小学校を退職。今後ますます教師力が問われてくる時代、その時代を担う後輩を育てたいという思いから、同年現職に就き、現在に至る。「平成30年度文部科学省委託小学校プログラミング教育の円滑な実施に向けた教育委員会・学校等における取組促進事業」委員、「デジタル表現研究会（通称D-pro）」副会長、各地域のICT推進事業や各学校における校内研修の講師等歴任。教育工学や教科教育法を専門として研究。
近著は『メディア・リテラシー教育　ソーシャルメディア時代の実践と学び』（北樹出版）第5章。

●第 5 章 p.102 で紹介した**初回向け小学校プログラミング教育の研修パッケージ**は、以下の D-project（デジタル表現研究会）ページからダウンロードできます。

https://dproject-ibaraki.sakura.ne.jp

●第 5 章 p.104 で紹介した**組み合わせて活用できる小学校プログラミング教育の研修パッケージ**と、第 4 章で紹介した指導案・ワークシートの一部は、以下の本書付属データページからダウンロードできます。

https://www.shoeisha.co.jp/book/download/9784798159461

●研修事例執筆

宍田 八郎	鳥取大学附属小学校 教諭
広瀬 一弥	京都府亀岡市立東別院小学校 教諭
山本 純	埼玉県久喜市立太田小学校 教諭
川澄 陽子	茨城県那珂市立横堀小学校 教諭
桑島 有子	東京都荒川区立第二日暮里小学校 教諭
阪上 吉宏	エデュテクノロジー 代表取締役
喜多 由紀	石川県かほく市立高松小学校 校長
間下 英信	茨城県取手市立高井小学校 教諭
清水 匠	茨城大学教育学部附属小学校 教諭
山口 眞希	石川県金沢市立大徳小学校 教諭
藤原 晴佳	茨城県つくば市立春日学園義務教育学校 教諭
平井 聡一郎	情報通信総合研究所 特別研究員
福田 晃	金沢大学附属小学校 教諭
仲見川 康隆	茨城県古河市立大和田小学校 教諭

小松市教育研究センター
古河市教育委員会
茨城県教育庁学校教育部義務教育課

● Column 執筆

村井 万寿夫	北陸学院大学 教授
佐藤 幸江	金沢星稜大学 教授

装丁	轟木 亜紀子（トップスタジオデザイン室）
本文デザイン	阿保 裕美（トップスタジオデザイン室）
DTP	株式会社トップスタジオ

小学校プログラミング教育の研修ガイドブック

2019 年 3 月 22 日　初版第 1 刷発行
2020 年 2 月 20 日　初版第 2 刷発行

編著・監修	小林 祐紀（こばやし ゆうき）
	兼宗 進（かねむね すすむ）
	中川 一史（なかがわ ひとし）
発 行 人	佐々木 幹夫
発 行 所	株式会社 翔泳社（https://www.shoeisha.co.jp）
印刷・製本	凸版印刷株式会社

ISBN978-4-7981-5946-1　　Printed in Japan